仕方なく
パートで働く

普通の主婦が起業する本

日本総合コンサルティング株式会社
代表取締役
小桧山 美由紀

SOGO HOREI PUBLISHING CO., LTD

はじめに

本書は、**普通の主婦のための「起業」の本**です。

起業と聞くと、「敷居が高そう」「難しそう」なんて思うかもしれません。「私には関係ない話だけど……」と、このページを開いた方もいらっしゃるでしょう。

主婦の方がお金を稼ごうと思ったら、パートを選ぶ人が多いと思います。

しかし、家計を支えようにも時給は低いし、子どもが風邪をひいても仕事を休めない、仕事の内容にもやりがいを感じない……。そんな不満はありませんか？

だからこそ、「起業」という選択肢があると知ってほしいのです。

起業なら、好きな時間、好きな場所で、好きなように仕事ができて、パート以上にしっかり稼ぐこともできます。

子どもと一緒の時間を大切にしながら、将来のために貯金もしたい。そんな妥協したくないママこそ、起業を考えるべきなのです。

私は、日本総合コンサルティング株式会社　代表取締役の小桧山美由紀といいます。ママ起業家専門のコンサルタントとして、多くの女性の起業をお手伝いしています。長女、次女、長男、三女の４人の子どもたちのママでもあります。

実は私自身、かつては**時給９００円のパート主婦**でした。

パートを始める前は専業主婦として、２～３年ごとに夫の転勤についていく生活。家にお金もなく、友達もできず、ストレスは溜まる一方でした。少しでも家計に余裕ができればと思って始めたのが、時給９００円の事務のパートだったのです。

しかし、実際に始めてみると、疲れからお惣菜や外食に頼ることが増え、子どもを保育園に預ける費用もかかるように。結局、手元に残るお金はほんの少しでした。

職場の人間関係にも気を遣うので、ストレスは増していきました。家でもイライラすることが多くなり、「こんなママと一緒にいる子どもたちがかわいそう」と、落ち込むこともありました。

そんなある日、友達がとある起業家のブログを教えてくれました。

もちろん最初は、「私とは別世界の話だな」と思いました。「起業している人たちは、私なんかとは違って、すごい才能の持ち主なんだろう」と。

別世界なんて気にせず生きていくこともできたのかもしれません。しかし、なんとなく気になって、起業家のブログや動画をいろいろと見てみたのです。

その結果、気づいてしまいました。**起業で成功している人たちも、元々は私と同じ「普通の人間」だったのです**。それでも、その人たちは普通とは違う道に挑戦したからこそ、私とは大きな差がついていたわけです。

それまでの私は、「どうせ自分にはできないから」と考える癖がついていました。本気で挑戦する前から、何でも諦めてばかり。「あのとき、あれをやっていたら……」といつも後悔していました。

しかし、**本当は「できない」のではなく、「やっていない」だけだった**のです。

「普通の人でもこんな生活をしているのに、私は我慢し続けるなんて絶対嫌だ！」
「もうこれ以上、自分の人生を後悔したくない！」

こうして私は、起業に挑戦することを決意しました。

この時から、**私の人生は180度変わっていった**のです。
自由な時間やお金ができたことで、心の余裕も生まれてきました。今では、子どもたちと心から笑いあえる毎日を送っています。

かつての私と同じように悩んでいる「普通の主婦」の人たちが、今の生活を変える手助けをしたい。その思いで書いたのが本書です。
実際に私が経験したことや、起業コンサルタントとしての知識を踏まえて、普通の主婦が起業するための方法をお伝えします。

最初の章は、主婦にとって「あるある」の、毎日の不満を集めました。「私も当てはまる」と思う人にこそ、この本を読んで起業に挑戦してほしいと思います。

2章以降では、はじめて起業に挑戦する方のために、ノウハウや考え方を一からやさしく説明しています。私が提案する起業の方法は、私自身や、私がサポートしてきた多くの方の実体験に基づくものです。**家事や子育てに忙しく、自信がない主婦の方にこそおすすめしたい**、現実的な方法をお教えします。

そして、起業すると、身の回りや自分自身の中に大きな変化を感じることになるはずです。最終章では、起業によって私の人生に起こった変化をお話しします。

1章を読んで、「起業をして、どう変わるのか知りたい」と思った方は、7章から先に読んでいただいても構いません。

本書が、「変わりたい！」と思ったあなたの背中を押す一冊となることを、心から願っています。

Chapter 1 こんな「モヤモヤ」感じていませんか？

Chapter 2
普通の主婦にもできる「起業」って何？

Chapter 3

家にいながらお客さまを集める「集客」

Chapter 4

やりたいことがなくてもできる「商品づくり」

Chapter 5

自分もお客さまもうれしくなる「営業」

Chapter 6

成功する習慣＆失敗する習慣

Chapter 7

起業したらこんなに人生が変わった！

編集協力　上野郁美
装丁デザイン　木村勉
本文デザイン　荒井雅美（トモエキコウ）
ＤＴＰ　横内俊彦
校正　菅波さえ子

Chapter 1

こんな「モヤモヤ」感じていませんか？

本当はパートで働きたくない

「あー、明日から仕事か……」「行きたくないな……」と、イヤイヤ出社している人も多いのではないでしょうか。働くママの多くが、パートで働くという選択をしています。小さい子どもがいるから。家族のため長時間は働けないから。正社員経験がなくて、なかなか仕事が見つからなくて……。そんな理由で、**仕方がなくパートを選んでいる**という人も多いと思います。

私自身もそうでした。仕事にやりがいも持てず、お金のためにイヤイヤ出社。休みの日の夜になると、明日のパートのことを考えて心が沈む。心の中では、「毎月あと8万円あったら、パートで働かなくてもいいのに」といつも思っていました。

そこで、私は**起業して、パートを辞める選択をしました**。今では、パートで働いていたときよりずっと、やりがいを持って仕事をしています。

値段を気にしながら買い物したくない

「あっちのスーパーのほうが卵が10円安い」「こっちのスーパーのほうがひき肉が5円安い」。そんなふうに、「1円でも安い物を！」と思って商品を選んでいませんか？

私は時給900円のパートをしていたとき、**どこに行くにも、何をするにも、いつも値段を気にしていました**。たとえば豆腐1つ買うときも、1円でも安い物に一目散。「国産大豆」や「有機大豆」などと書かれた豆腐は眼中にありません。

少しでも安い物を求めて、スーパーをはしごすることも。それで会計が数十円安くなったとしても、子育て中の貴重な時間を何十分も無駄にしていることに、当時はまったく気づいていなかったのです。

それが起業した今、**スーパーでは一切値段を見ません**。考えるのは、それが自分の欲しい物か、本当に必要な物か。そんな基準で買い物ができるようになりました。

節約ばかりに気を遣っていたくない

パート主婦時代、私は100円ショップが大好きでした。お店に行けば、「あ、これ安い！　これも！」と次々に買い物カゴへ放り込みます。しかし、家に帰って袋を開けてみると、「私、こんなの欲しかったんだっけ……？」という物ばかり。

「安いから」という理由で買えば買うほど、本当は欲しくない物が家に増えていったのです。お得だと思って買っても、使わないのであれば、結局は損をしているのと変わりません。

起業して、自分でお金を稼げるようになると、好きな物を好きなときに買えるようになりました。その結果、**節約していたときより、お金を使う機会は少なくなった**のです。値段の安さだけに惑わされず、自分が買うべき物だけを選んで買うことができるようになったからだと思います。

毎日家事に追われていたくない

「専業主婦でもパート主婦でも、家事は女性の仕事」。日本には、まだまだそんな風潮があります。私もパートで働いていたときは、「**稼ぎが少ない分、家事くらいはしっかりやらないと**」と思っていました。義務感から、すべての家事をひとりでこなしていたのです。夫に家事をお願いすることは、ほとんどありませんでした。

家事には、終わりがありません。掃除も、料理も、丁寧にやろうと思えばいくらでもできてしまいます。それが、毎日続くのです。それでも、報酬はもらえませんし、家族から感謝されることもほとんどありませんでした。

私が起業に成功して、**夫には「サラリーマン卒業」をプレゼント。家事は夫婦で折半するようになりました**。家事代行や、料理のテイクアウトも活用できるようになり、終わらない家事によるストレスはすっかりなくなりました。

子どもが風邪をひいても仕事に行きたくない

働くママなら、**子どもが熱を出して急に仕事を休まなくてはいけないのは、日常茶飯事**。さらにつらいのは、子どもの熱が下がってきたら、まだ本調子ではなくても保育園に預けなければいけなくなることです。「2日も仕事を休んだから、これ以上は休めない……」。仕事の都合で、子どもを保育園に行かせるしかありませんでした。

ほかにも、子どもの行事のために休みを取った直後に、子どもが体調を崩してしまうと、続けて仕事を休みづらいことがありました。迷惑をかけてクビにされないよう、雇用契約の更新がなくならないよう、気を遣わなければいけません。

自宅で起業すれば、好きな時間に好きな場所で働けます。**子どもが急に体調を崩したときも、いつでもそばにいてあげられる**のです。子どもが寝ている近くで仕事ができますし、子どもに無理をさせなくて済みます。

子どもに部活・習い事を諦めさせたくない

子どもが成長するにつれて、**教育に必要なお金はどんどん増えていきます**。「うちはそんなにお金がないから、学校は公立で……」などと言っても、部活や習い事の費用だってバカになりません。

たとえば、スポーツで全国大会レベルの活躍をしていても、海外遠征などの費用を工面できず、それ以上のレベルアップを諦めさせなければいけなかった、という話も耳にします。私も起業前は、子どもがやりたいことを何でもやらせてあげることはできませんでした。これは、やりたいことがあっても諦めてしまって、子どもが無気力になる要因にもなっていました。

今では、経済的な理由で子どもたちに我慢をさせることはありません。あれもやってみたい、これもやってみたいと、**子どもたちは目を輝かせています**。

子どもに進学・留学を諦めさせたくない

子どもの養育費の中で一番大きくのしかかるのは、学費です。パート主婦時代は、子どもたちの進学先の高校を考えても、公立の一択でした。私立なんて、まったく考えたこともありませんでした。

学費の問題に頭を悩ませる人は多くいます。子どもが目指したい職業があっても、その分野を学べる大学や専門学校の授業料があまりに高額で、泣く泣く断念してもらうということも珍しくないでしょう。奨学金という選択肢もありますが、いつかは返さなくてはいけない、いわば借金。将来、子どもにとって大きい負担となります。

私は起業によって収入が安定したことで、家族でマレーシアに移住しました。英語を学べる環境に身を置いて、**子どもの可能性を広げることができています**。将来の学費も、まったく心配しなくて済むようになりました。

シングルマザーでも子どもに苦労させたくない

現代は昔に比べ、考え方が柔軟になったこともあり、シングルマザーの方も多くなりました。子どもの学費を稼ぎ、自分の老後も子どもに負担をかけないよう、頑張って就職活動をしていらっしゃいます。それでも、**シングルマザーが働くのは大変なこと**。いざというときに子どもの預け先がないという理由で雇ってもらえなかったり、パートでしか働けず収入が不安定だったりする人もいます。このままでは、子どもの将来の選択肢をせばめてしまうかも……。そんな心配が心にのしかかります。

しかし、起業をすれば**自分で働き方を決められる**ので、子どもの預け先を心配することもありません。奮起して起業し、大きな結果を出したシングルマザーの方もたくさんいます。子どもの将来を思い、絶対に成果を出すという強い気持ちが、成功につながったのではないかと思います。

「ママに言ってもムダ」と思われたくない

私はパートで働いていたとき、子どもたちに「これが欲しい」と言われた経験がありませんでした。「我慢しなさい」と言ったこともなかったので、欲しい物がないのだろうと思っていました。

しかし、後から「**どうせママに言っても買ってくれないと思ったから、言わなかった**」と子どもたちに言われたのです。これはとてもショックでした。

子どもたちがそう思った理由は、私の口癖が「お金がない」だったから。子どもが学校から募金の手紙をもらってきたとき、「うちがもらいたいくらいだわ」と言ったことも聞かれていました。私は、いつもお金のない無力感でいっぱいだったのです。

それが今では、子どもたちは**自分のやりたいことを何でも話してくれるようになりました**。ママに言えば助けてくれる、そう思ってくれることがうれしいです。

子どもに自分の夢を押しつけたくない

子どもにしっかり勉強をさせる、良い学校に行かせる、資格を取らせる。これはもちろん悪いことではありません。しかし、**自分が人生を後悔しているから、その夢を子どもに背負わせているん**だとしたら、どうでしょうか?

かつての私は、子どもたちに「看護師を目指してみたら?」「薬剤師も良いみたいだよ」などと言っていました。私自身が時給900円のパートしかできず後悔していたため、子どもには収入が高い職業をすすめていたのです。

しかし、自分ができなかったことを子どもに託すのは違います。自分がやりたいと思うことを思いっきりやることができれば、人生は満たされたものになるはずです。起業をした今は、私は私、子どもは子ども。**それぞれがやりたいことを尊重し、応援し合える関係になりました**。

子どもにイライラをぶつけたくない

ショッピングモールに行くと、すごく感情的に子どもを叱っているママさんをよく見かけます。もちろん、子どもが良くないことをしたときは叱るべきだと思います。しかし、感情的に「もう帰るよ！」とか「いい加減にしなさい！」などと言っても、子どもは何が悪いのかわかりません。

感情的になってしまうのは、**自分に心の余裕がなく、子どものちょっとした行動にイライラしてしまう**からではないでしょうか。起業する前は、私もよくありました。お金や時間に余裕ができると、子どもの行動にイライラすることはなくなりました。悪いことは悪いと伝えますが、必要以上に感情をぶつけたり、子どもを否定したりすることはありません。子どもも、私の伝えることをよくわかってくれるようになり、**信頼関係がより強くなった**と思います。

毎日文句や愚痴を言っていたくない

気づいたら、毎日同じ文句や愚痴を言っている……そんなことはありませんか？

私も専業主婦やパートをしていた頃は、文句や愚痴ばかりの人生でした。自分の希望通りに生きている感覚がなく、満たされていなかったためでしょう。

あの頃の私には、**未来に対するワクワクなんて感じたことはなく、あるのは不安だけ**。自分の人生は終わっているとさえ思っていました。愚痴を言い続けることしか、自分を落ち着かせる方法がなかったのです。

起業をした後は、**誰かを羨ましいと思ったり、愚痴や不満が口に出たりすることはなくなりました**。すごい人を見ても、「あの人みたいになるにはどうしたらいいんだろう？」と考え、未来の自分のことのように見えるのです。自分の未来に、希望を抱けるようになりました。

誰かを羨ましいと思いたくない

以前の私は、**成功している人を見るとよく嫌な気持ちになっていました**。ＳＮＳを見ると落ち込むのです。成功している人も、お金持ちも、美人も、「持って生まれたものが違うんだ」と思って、ねたむだけ。しかし、今考えれば、その人たちは人一倍努力して、今の地位についたのでしょう。この頃は、成功している人たちの裏側の努力を見ないようにしていたのだと思います。

起業をして自分の生活が変わっていくことを経験して、**人に対して羨ましいという感情がわかなくなりました**。羨ましい人の姿とは、自分のなりたい姿。その人と同じように行動してみれば、自分も同じようになれる可能性があると気づけたのです。羨ましいと思う相手は、自分の未来の姿を見せてくれているのだと思います。誰かを羨ましがるのではなく、行動することで未来は変わります。

夫に依存して生きていきたくない

私の元に相談に来る方の中には、**夫婦仲に悩んでいる方**もいらっしゃいます。夫が浮気している。同じ空間にいるのも嫌だ。それでも離婚をしないのはなぜかと聞くと、**生活のため、お金のため**だと言います。

それならば、起業して、自分でお金を稼いでみればいいのです。お金が原因で関係がギスギスしていただけ、ということもあります。自分が稼ぎ出したら、夫婦関係が改善したという方もたくさんいました。また、収入が安定してからも、やっぱり離婚したいと思えば離婚する選択肢もできます。

私は夫婦仲が特別に悪かったわけではありませんが、けんかはぐっと減りました。**お金のために一緒にいるのではなく、一緒にいたいからいる**。そんな関係に変わったように思います。

自分の生きがいを失いたくない

私の元に相談に来られる年配の方の多くは、「自分が何をやりたいかわからない」とおっしゃいます。この世代の女性は特に、自分のことは後回しにして、子どものために全身全霊をかけて生きてきた人が多いように思います。そのような人は、**子育てが終わった後、何を生きがいにすればいいのかわからなくなってしまいがち**です。

私も、ほかに大きな生きがいがなかったときは、子どものことばかりを気にして生きていた気がします。しかし、今は過度に子どもたちをチェックすることはなくなり、4人いる子どもたちは、お互いに助け合うようになりました。

もちろん、子どもたちはかけがえのない存在です。それでも、**子育てだけに依存せず、自分の人生に生きがいを持ちたい**と私は考えています。クライアントや生徒さんの起業をサポートすることが、今の私の生きがいです。

ワーク

あなたが「〇〇したくない」「〇〇になりたくない」と思うことは何ですか？　書き出してみましょう。

回答例

・満員電車に乗りたくない
・朝バタバタしたくない
・パート先の人間関係に振り回されたくない
・「電気消してよ！」「コタツつけっぱなし！」っていちいち怒りたくない
・募金箱を見て、「私のほうが募金してほしいくらいだわ」と思いたくない
・ファミレスでクーポンのメニューから頼まないと損だと思いたくない
・夫に「もっと節約に協力してよ」とイライラしたくない
・安い洋服屋で揃えた全身5000円コーデで満足したくない
・300円のすぐ錆びるアクセサリーから卒業したい
・他人の目を気にして、愛想笑いで顔が引きつる毎日から卒業したい
・夏休みに子どもを学童に行かせて、「自分には夏休みがない」と思わせたくない
・子どもの誕生日プレゼント代の捻出に悩みたくない
・「給料の良い仕事に就いてね」「資格は取ったほうがいいよ」と子どもに押しつけたくない
・「なんで私ばっかり」「どうして私だけ」と思いたくない
・「どうせあの人は元々すごいから」と他人をねたむ自分でいたくない
・ママ友の住んでいる家と比べたくない
・ママ友の家庭の年収と比べたくない

Chapter 2

普通の主婦にもできる「起業」って何？

001

ママこそ、パートより「起業」！5つの誤解を捨てよう

「ママが働く」というと、パートで働くイメージが強いかもしれません。しかし、私の経験から言うと、**パート以上にママに向いている働き方が「起業」です**。なぜなら、起業なら、働く場所や時間を自分で決めることができるからです。

子育ては、予測できない出来事の連続です。子どもが急に熱を出したり、けがをしたりして、その都度会社に無理を言って休みをもらい、病院へ行く。働くママなら、ほとんどの人が経験していることだと思います。私もパートで働いていたときは、急に休むことがよくあったので、肩身が狭い思いをしていました。

しかし、働く時間や場所を自分で決められれば、そんな思いをすることもありません。ひとりで自宅にいながら起業をすれば、**万が一のときの通院時間も取りやすく、**

子どものそばにいながら仕事ができます。学校行事や習い事の調整も楽々です。

そうは言っても、「起業で稼げるなんて、才能がある一握りの人でしょ？　私には無理」と思うかもしれません。私も、以前はそのように思っていました。

こう考えてしまう原因は、**起業と聞くと頭に浮かんでしまう、５つの誤解**があるからです。ここでは、まずその誤解を解いてしまいましょう。

誤解①　大企業のすごい女社長？

起業をしたら、あなたが社長になります。社長と聞くとどうしても、大きなビルの豪華な社長室の椅子に座り、秘書や社員を従えて、書類にはんこを押しているイメージが浮かんでしまいませんか。

しかし、起業とは大きい会社を立ち上げることではなく、あくまで「新しくビジネスを始めること」。ここで言うビジネスとは、**商品を提供してお客さまの悩みを解決し、その分の対価を受けとること**を意味します。それは、大企業であっても、ひとりで始める仕事であっても変わりありません。たとえば、パートの月収分くらいや、お小遣い分くらいを稼ぐ小規模な仕事でも、立派な起業です。

私も最初は、たったひとりのお客さまに３０００円の商品を購入してもらうところから、起業をスタートしました。

誤解② リスクが高い？

起業には経済的なリスクがあるのではないか、とよく心配されます。しかし実は、すでに持っている物だけを使って、自宅にいながらでも、起業を始めることができるのです。そうすれば、初期投資はほとんど必要なく、経済的なリスクはありません。

私の場合は、**自宅の一室と、普段から使っているスマートフォンとＷｉ－Ｆｉだけで、ビジネスをスタート**させました。商品を仕入れる費用や、オフィスを構えるための家賃も、はじめは必要ないのです。


また、失敗をするリスクを気にする人も多くいます。

たとえば、サラリーマンとして年収１０００万円を稼いでいる人や、高い倍率を超えて一流企業に就職した人なら、その仕事を手放してしまうことにリスクがあると思います。起業のために一度退職してしまったら、簡単には戻れないでしょう。

しかし、今まで普通の専業主婦や、月数万円のパート主婦だったなら、**もし起業がうまくいかなかったとしても元の生活に戻るだけ**。パートは一度辞めてしまっても、また必要になれば、似たような仕事に就けるはずです。

実際には、起業するからといって、すぐに今の仕事を辞める必要もありません。**副業としてスタートすれば、失敗するリスクはさらに低くなります**。すき間時間を起業にあてられるので、ライフスタイルが大きく変化することもありません。

私も、パートを続けながら起業を始めました。パートで稼いでいた月給の8万円を稼げるようになってから、安心してパートを辞めることができたのです。

誤解③　やりたいことを仕事にする？

起業する人は、経験や特技を活かして、やりたいことを仕事にするものだ、というのもよくある誤解です。このイメージのせいで、パートしか仕事経験がない、ずっと専業主婦だった、資格や学歴がない……という人は、「だから、私には起業は無理」と考えてしまいます。しかし、本当は**「起業の種」は、誰でも持っています**。むしろ、

「経験を活かしたい！」「これがやりたい！」というこだわりがない人のほうが、起業では早く成功しやすいのです。

私も正社員として働いたことがなく、パート経験しかない普通の主婦でした。資格も学歴もありません。ましてや、元々「自分のやりたいこと」も特にありませんでした。それでも、ひとりで起業をして、成功を収めることができたのです。

誤解④　企業で成果を上げてきた人が成功する？

起業は、企業で働いて成果を出してきた人がするものだ、という思い込みもあります。私は、これまで起業をした人をたくさん見てきましたが、**企業で働いた成果と起業での成果はまったく関係ありません**。

起業で成功するために必要なのは、知識と、素直にコツコツやりきる力。企業で働いてきて自信がある人は、勉強もせず自己流で起業したり、準備がおろそかになったりしてしまうことがあります。それでは、起業での成功はありません。

むしろ、**自分に自信がない人のほうが慎重に進むことができるので、起業で成功をつかむ確率が高い**と私は思っています。

誤解⑤　扶養内でパートするほうがお得？

私も以前は、扶養内で働くほうが得だと考えていました。しかし、**扶養内で働いてお得になる税金は、将来必要になる金額に比べたら、ほんの少し**です。

たとえば、子どもが成長するにつれて、教育費用のほうが税金よりも大きく肩にのしかかってくるかもしれません。公立の中学校や高校でも、制服、部活のユニフォームや道具が必要です。さらに大学では、年間数百万円単位でお金がかかるのです。

かつては、夫の勤続年数が増えれば、自然と給料が上がっていくことが普通でした。しかし、今では年功序列も崩れてきています。お子さんが大きくなったときに、突然、夫の給料が何十万も上がるでしょうか？　きっと難しいでしょう。それならば、**今からあなたが稼いでおくほうが、現実的ではないか**と思うのです。

私が提唱する起業の方法は、小さく、リスクが少ない形で始めることができます。普通のママでもまったく問題ありません。**必要なのは「変わりたい」気持ちだけ**。少しでもやってみたいと思ったら、一歩を踏み出してみませんか。

002

就職しないで本当に稼げるの？ひとりで起業してお金を得る仕組み

パートでは、勤め先の会社から時給を提示されるので、働いた時間分のお給料をもらうことを理解しやすいと思います。

しかし、**起業して働くと、会社と雇用関係を結ぶわけではありません**。それで本当にお金が稼げるのか、疑問に思う方もいらっしゃるでしょう。

基本的に、ビジネスのお金の流れは、会社もひとりの起業も変わりません。

たとえば、スーパーのレジ係として、パートで働いていたとします。レジを打ってパートのお給料がもらえるのは、お客さまが食品などを買ってくれたからです。スーパーは売上から、レジ係のお給料、品出し係のお給料、店舗の家賃などを支払います。

このように、会社では多くの人が関わっているので、ひとりあたりの取り分はかなり少なくなっています。
しかし、ひとりで起業をすると、**お客さまからいただいた代金は、経費を除いてすべて自分の手元に入ってくる**形になるのです。

「会社にお金を払って物を買う人がいるのはわかるけど、無名の個人である私から買う人がいるのかな？」と疑問に思う方もいらっしゃるでしょう。

どんな会社でも、最初はかならず無名です。世界的な大企業であるアップルだって、最初は誰も名前を知らない会社でしたし、創業者の自宅のガレージを仕事場にしてスタートしました。

今では多くの人に知られている会社でも、無名時代はかならずあります。広告を出すなどして**お客さまを集めてきた結果、社会的に認知されるようになり、商品が売れているる**というだけなのです。

これは、会社であっても、ひとりの起業であっても変わりません。まったくの無名から始まったとしても、お客さまを集める行動をしていけばいいのです。

現代は個人で仕事がしやすい時代

以前と比べると、今は個人でもお客さまを集めやすくなりました。時代の後押しが、とても大きくなっているのです。

現代は、**SNSが発達し、個人の力がとても強くなっている時代**です。

芸能人や有名人でなくても、個人で何万人ものフォロワーがいる人も少なくありません。誰でも無料で使えて、個人でも企業並みにお客さまを集められるSNSが、大きな影響力を持っているのです。

また、何万人規模のフォロワーがいなくても、ひとりでの起業なら、1000人のフォロワーがいれば十分に成り立ちます。

さらには、**物があふれている時代**でもあります。

たくさんの商品から買う物を選ぶとき、それぞれの商品の品質に大きな差がありません。それでは、消費者は一体何を基準にして商品を買うのでしょうか？

それは、**ブランド**です。

たとえば、同じ真っ白なTシャツでも、タグに書いてあるロゴが「ユニクロ」なのか、「ルイ・ヴィトン」なのか、ということが重要なのです。もちろん、着心地や品質は違うかもしれませんが、ぱっと見ただけではよくわかりません。それでも、「このブランドだから買いたい」「この人の商品だから買いたい」と思って、物を選ぶ人が増えています。

つまり、ものすごくとびぬけて品質が良い商品でなくても、**「この人から買いたい」と思ってもらえれば、売れる商品をつくれる**ということです。

SNSをうまく使って、自分のブランドを確立できれば、個人でも十分に仕事ができる時代が到来しています。

003

やることは3つだけ「集客」「商品づくり」「営業」

「起業」というと難しく考えてしまいがちですが、実はやることは3つしかありません。それが**「集客」「商品づくり」「営業」**です。これは、多くの人が考えるよりずっと、簡単なことなのです。

ステップ① 集客

「集客」とは、**お客さまを集めること**です。

一般的な集客のイメージは、広告を打ったり、チラシ配りや呼び込みをしたり、というものかもしれません。しかし、集客とは、広告や呼び込みを指すのではなく、**「自分を知ってもらうこと」**なのです。インターネットが発達した現代では、インターネット上で自分を知ってもらうことも、集客になります。

起業を目指す方は、はじめに集客を行うことをおすすめします。「集客をしよう」などと聞くと、すごく大変なことのように思われるかもしれませんが、実は日常の中でもよく起こっていることなのです。

たとえば、インスタグラムを見ているとき、たまたま誰かの投稿を見て、こんなふうに思うことはありませんか？


「あ！　この服可愛い！　どこの服だろう？」

「このメイクすごく素敵！　どこの化粧品だろう？」

「このケーキおいしそう！　どこのお店だろう？」

「このネイル素敵！　どこのサロンだろう？」

「え！　この人こんなに痩せたの!?　一体どんなことをしたんだろう？」

「この人の考え方すごい！　素敵！　何をしている人なんだろう？」

「なんでこの人はこんなに英語が喋れるの!?　どうやって練習したんだろう」

「この人の子育てすごい！　とても勉強になる！」

このように、**「ちょっと気になる」と思ってもらうこと**。これが集客です。

自分がＳＮＳを見て気になる側から、気になってもらう側になることが、集客の第一歩にあたります。

先ほどもお話しした通り、大きな資本があるのであれば、テレビＣＭなどの広告を打って、自分を知ってもらうこともできます。しかし、ひとりで始める起業なら、**ＳＮＳを使う**ことがおすすめです。ＳＮＳを使えば、チラシ配りや呼び込みなども必要ありませんし、無料でも大きい効果が期待できます。

ＳＮＳを使った集客の方法は、３章で詳しく説明します。

ステップ②　商品づくり

「商品づくり」は、**お客さまの役に立つ品物や、悩みを解決するサービスを見つけること**です。お客さまが「買いたい！」と思う物なら、当然、商品はよく売れます。そのためには、**値段以上の価値がある商品を見つければいい**のです。

たとえば、まったく同じルイ・ヴィトンのＴシャツを、間違えて２枚買ってしまったとします。そのうちの1枚を100円で売ったら、喜んで買いたいという人が多いはずです。なぜかといえば、普通なら10万円以上するTシャツが、100円だから。

つまり、**自分が払う値段以上に高い価値がある物を手に入れられるなら、お客さまは喜んで購入する**のです。もちろん、とても安く商品を提供したらいいというわけではありません。適切な金額設定をした上で、お客さまがそれ以上の価値を感じられる商品を見つけるのです。

商品というと、「品物」のイメージがあるかもしれません。しかし、あなたが持っている**経験や知識といった情報を教えることも、立派な商品**です。

また、商品づくりというと、今までにない物を新しくつくり出すことを想像する方もいます。しかし、**ゼロから何かをつくる必要はありません**。自分がすでに持っている物を、見つけ出して商品にするのです。「商品の種」は誰でも持っています。

たとえば、本を1週間に何冊も読んでいる人がいたら、その「本を早く読む方法」は立派な商品になります。世の中には本を読むことが苦手な人や、読むのが遅くて悩んでいる人がたくさんいるからです。そういう人に、「朝の1時間を読書にあてる」

「目次を見て興味のあるところから読んでいく」などの、本を早く読むノウハウを教えてあげたら、喜ばれるはずです。

子育て経験や、これまでの仕事で得た技術も商品になります。

商品づくりについて一番多い質問は、「得意なことも何もないのですが、私の商品って見つかりますか?」というものです。自分では平凡だと思っている人生でも、あなただけの輝きがあります。だからこそ、**絶対にあなたの商品は見つかります**。

商品は、お客さまの反応を見ながら変えていってもいいのです。**最初から一生ものの商品をつくる必要はありません**。

実は私も、最初は今とは違う商品で起業しようとしていました。しかし、ママ向けの起業情報に需要があるとわかり、起業コンサルタントを始めることにしました。

商品づくりの前に集客をしていれば、商品に対するお客さまの反応を見ながら、商品を変えていくことができます。

商品づくりの方法は、4章で、商品の具体例を紹介しながら解説します。

ステップ③ 営業

「営業」というと、とにかく売上を上げるために、押し売りのようなことをする印象を持っている人もいるかもしれません。しかし、これはまったくの誤解。

ここで言う営業は、**困っている人に解決方法を教えてあげる**ことです。

解決方法を教えてあげるためには、お客さまが困っていることや、求めている物を知ることが重要です。今までの営業のイメージは捨てて、お客さまの状況をお医者さんのようによく聞き出しましょう。

お客さまからお話を聞くことを「**ヒアリング**」と言います。

たとえば、腰が痛いというお客さまに「そうなんですね。うちの湿布は良いですよ」と説明するのは、下手な営業。まずはどの辺が痛いか、どんなふうに痛いか、何をしたときに痛むのかをよく聞いて、原因を特定します。その原因を、自分の商品である湿布で解決できるとわかれば、それを教えてあげるだけ。これが喜ばれる営業です。

ヒアリングの力は、後からいくらでも培《つちか》っていけるものです。**はじめから聞き上手、話し上手である必要はありません**。誰にでもできることなのです。

自分の商品を無理に買わせても、お客さまにもあなたにも、喜びはありません。相手を言いくるめて商品を売るようなイメージは、捨ててしまいましょう。

ここまでの3つのステップをまとめると、このような流れになります。

・「集客」……SNSを通して、自分のことを知ってもらう
・「商品づくり」……自分の経験や知識から、お客さまの役に立つ物を見つける
・「営業」……困っているお客さまに、解決方法があることを教える

これなら、私にもできそうと思っていただけたのではないでしょうか？

004

起業に失敗はない！すべては成長のステップになる

「失敗したらどうしよう」と思って、なかなか一歩が踏み出せない人も多くいらっしゃいます。

失敗って怖いですよね。私もそうでした。「失敗したらどうしよう」「失敗したら恥ずかしい」「失敗したらみんなからバカにされるかも」、そんなふうに思っていました。

しかし、実際に起業してみると、**失敗なんてしない**のです。そう考える理由をお伝えします。

まず、**起業をして失敗をする人生と、今の人生を比較してみましょう**。

この本を手に取っている人の中には、今の生活に不満があり、何かを変えたいと思っている人も多いかもしれません。ちょっと厳しい言い方になりますが、満足できない人生を送っているる時点で、失敗しているのと変わらないのではないでしょうか？　たとえるなら、1㎝の台からジャンプするのに、ケガをしたらどうしようと躊躇《ちゅうちょ》しているのと同じ。**元々不満がある人生からジャンプするのに、危険性はほとんどありません**。

もし全財産をすべて投資するような起業なら、失敗したら大変なことになるでしょう。しかし、自宅での小規模な起業であれば、たとえ失敗しても大した変化はありません。むしろ、不満があるのに何も行動しないほうが、リスクがあると私は思います。

起業は何回でも挑戦できる

起業は、「うまくいかなかったらすぐ終わり」というわけではありません。うまくいかなくても、**もう一度挑戦すればいい**のです。

たとえば、卵焼きを作っていて、きれいに巻けずに失敗してしまった。さて、あなたならどうしますか？　おそらくですが、**「次はどうやって作ろうか？」と考える**のではないでしょうか？

ネットでうまく作るコツを調べてみたり、上手に作っている人の動画を見たり。それから、「少し卵を返すのが早かったのかも」「火が弱すぎたかも」「一度に入れる卵液が多すぎたかも」などと原因を探り、次に活かそうとするはずです。実際に試してはじめて、こうやって巻けばいいのかと気づくこともあるでしょう。

起業における失敗でも、同じことです。SNSで集客をしてみても人が集まらないなら、投稿する内容を変えるだけ。商品に申し込みがないのなら、別の商品に変えたり、打ち出し方を変えたりすればいいのです。

うまくいかないときは、新たに知識を得られるチャンスです。そう考えれば、**失敗という考え方自体が存在しなくなります**。

多くの人は、すぐに頑張ることをやめようとします。なぜなら、頑張っても成果が出ないと、カッコ悪いから。しかし、最初から成功する人はほとんどいません。

卵焼きが作れなかったとしてもやり直せばいいように、一度失敗したから、取り返しがつかなくなるわけではありません。これは起業だけでなく、人生のすべてにおいて言えることです。

私は起業をしてから、失敗をしたらどうしようとは一切考えなくなりました。**失敗から学ぶ方法を、起業によって身につけられた**と思っています。

家族に反対されてしまったら……

自分ではやる気まんまんなのに、**家族から反対されてしまって、起業ができない**という方もよくいらっしゃいます。

うまくいくのかわからないなら、家族が心配するのはごく当たり前のこと。したがって、家族を説得して理解してもらってから始めるのではなく、まずは内緒で準備を進めてみてはどうでしょうか。**成果を示して、納得してもらう**のです。

説得には技術がいります。まだ何も成果が出ていない状態で起業したいと伝えても、なかなか理解は得られないでしょう。ましてや、社会人経験がない専業主婦や、パート主婦の方にとっては、一層難しいことです。企業で働いている経験が長い夫だったら、一言言いたい気持ちになってもおかしくありません。

「家族に相談しないで始めるのは嫌だ」という人もいると思います。しかし、逆の立場になって考えてみてください。

夫　「今日、会社を辞めてきた。明日から俺はギタリストとして生きる！」
あなた「え？　給料はどうするの？　どうやって食べていくの？」
夫　「これから契約してもらうところを探すよ」
あなた「そもそもギター弾いてるところなんて、見たことないけど……」
夫　「うん、明日から練習するよ」

突っ込みどころが満載ですよね（笑）。こんな夫を、素直に応援できそうですか？　**心配や不安のほうが強い**のではないでしょうか？

しかし、こう言われたらどうでしょうか？

「ギタリストとしてデビューが決まったよ。実は、今まで仕事の後に練習して、オーディションをいっぱい受けてきたんだ。デビューCDは、テレビ番組とのタイアップが決まってるよ」

おそらく、あなたは心からご主人を応援することができるはずです。

成果が出ないうちから応援してもらうことに期待をするのはやめて、まずは勉強を始めることをおすすめします。

自宅で起業するのであれば、すき間時間を勉強や活動の時間にあてるだけなので、**ライフスタイルに大きな変化はありません**。かつては私も、普段の生活と変わらずに家事や子育てをしながら、空いた時間を有効活用して起業の準備を進めました。

家族から「やっぱり無理なんじゃないか」などと横やりを入れられると、気持ちが折れてしまうかもしれません。そんなことがないように、まずは小さくても成果を出すところまで、頑張ってみてはいかがでしょうか。

005

迷いが出てきたら……諦めないでやり遂げるコツ

多くの場合、人は変化を好みません。変わりたいと思っても、つい今の状態を保とうとしてしまうのです。

たとえるなら、自分の中に、変化しようとする天使と、変化を拒む悪魔がいるようなイメージです。天使の自分が「きれいになりたい！　ダイエットしよう」と言っても、悪魔の自分が「我慢は体に良くないよ！　お腹いっぱい食べよう」と、ささやいてきます。これを読んでいるあなたにとっても、よくある経験ではないでしょうか？

うまくいかないときに悪魔が出てくると、**自分を正当化する言い訳をしてしまいます**。いつも無意識に、諦める理由や、やらない理由を考えてしまうものなのです。

やっかいなのは、**天使と悪魔は自分の外側にもいる**ということ。

起業のように、多くの人にとってあまりなじみがないことであれば、なおさらです。「起業なんて危ないよ」「リスクがあるよ」「難しいよ」。このように、否定的な言葉をかけられることが多くなります。周りの人に悪気があるのではなく、心配からきている言葉だとしても、起業したいあなたにとっては悪魔の声になります。

周りに言われて起業の勉強や準備をやめてしまえば、これから先ずっと不満が残ります。**起業で変わりたいなら、周りが何と言おうとやり続けないといけない**のです。

負けないための「掟《おきて》」をつくろう

悪魔の誘惑に負けないために私がおすすめするのは、**掟**をつくっておくことです。掟とは、**「自分がどうなりたいか」を表現した言葉**。起業を諦めてしまいそうなときには、その掟の言葉を自分に向けることで、悪魔に打ち勝つことができます。

掟をつくるには、まず**自分の理想の姿となりたくない姿をイメージ**します。

私の場合は、よく思い浮かぶ理想が３つありました。「値段を気にしない生活」「海外での子育て」「気軽に旅行に行ける生活」です。そこで、**この理想を実現できる人**

生を目指すことを、自分の掟にしました。

理想が浮かばないときは、なりたくない姿を考えることも有効です。私は心が折れそうになったときは、**10年後に後悔しないかどうか**を考えていました。

たとえば、お客さんが思うように集まらない。そんなとき、「別に起業しなくてもいいじゃん」「本当は違うことがやりたいんじゃない？」「パートでも月8万円は稼げてるんだから、そのままでいいじゃん」など、悪魔の自分が出てきてしまいます。

そうしたら、「何を買うにも値段を気にして、たまに旅行に行けても最安値のプランを血眼《ちまなこ》で探さないといけない。そんな人生のままで本当に後悔しない？」と、自分に聞いてみるのです。

このように、自分がなりたい姿となりたくない姿を2つの軸にして、自分の掟をつくってみましょう。理想を思い浮かべるのが難しい方は、次のページのワークをやってみてください。簡単に想像できるはずです。

なりたい自分に変わるためには、結局は自分で決めて行動するしかありません。モチベーション維持のために、掟を活用してみてください。

ワーク

どんな自分にもなれるとしたら、周りからどんな言葉をかけられたいですか？　書き出してみましょう。

回答例

・私の理想の生活で憧れます！

・美由紀さんみたいになりたいです！

・すごい！

・ママみたいになりたい！

006 ちょっとしたすき間時間を「起業のための時間」にしよう

掟によって心が決まったら、行動していくのみ。ただでさえ忙しいママたちには、その時間を捻出《ねんしゅつ》するのが難しく感じられるかもしれません。しかし、「暇で暇でしょうがないから起業をする」という人はいません。忙しくて、時間に追われているのに、自分が満たされていない、だからこそ起業をしたいという人がほとんどです。したがって、**今の生活の中で時間をつくっていくしかない**のです。

私のおすすめは、今までＹｏｕＴｕｂｅやＳＮＳを見ていた時間を、情報収集の時間に置き換えること。これならすぐに始められます。

しかし、「そんなすき間時間なんて私にはない！」という人もいます。その場合は、普段の行動を時間ごとに細かく書き出してみましょう。家事をしている、子どもを迎えに行っているなど、ざっくりとした振り返りではなく、何時何分から何時何分まで、どんなことをしているか、分単位で細かく書き出すのです。

そうすると、**かならずすき間時間が見つかります**。たとえば、6時に起きて、6時30分にご飯を作り始める。この30分の間、ボーっとしていたり、スマホをいじっていたりしませんか？　このような時間を、起業の準備にあてるのです。

意識すると、すき間時間は意外に多くあります。通勤時間、職場の昼休み……。

私は、トイレに行く時間も起業準備のための時間として使っていました。まとまった時間を取るのは難しかったので、自分の掟を胸に、すき間時間を活用したのです。

すき間時間で情報収集をする

すき間時間にどんなことをするかというと、**まずは情報収集から始めます**。

起業を成功させるには**知識が必要**です。知識もなく起業をするのは、地図がない巨大迷路に迷い込むようなもの。スタート地点のドアを開けた先に、罠《わな》がしかけてあったら、一瞬で命を落としてしまいます。

まずは、巨大迷路の全体像を上から見て、ゴールまでの道のりを把握しなければいけません。

起業の知識を得るためには、まずこの本で全体像を把握して、ブログやＹｏｕＴｕｂｅで詳しく勉強する方法がおすすめです。本は、リアルタイムで起こっていることや、細かい情報を知るにはあまり向いていません。そのため、ゴールまでの詳しい道のりを把握するためには、起業をしているユーチューバーの動画などが参考になります。

動画で情報収集をする場合は、**まずはひとりのユーチューバーに決めて、昔の投稿から最近の投稿まで、時系列で見てみましょう**。いろいろな人の良いとこ取りをしようとして、たくさんの動画を見てしまうと混乱してしまいます。起業の道のりはいくつもあるので、人によってやり方が違います。そのため、いろいろな人の動画を見ると、逆に何をしたらいいのかがわからなくなり行き詰まってしまうのです。

気になる人を見つけたら、まずはその人が実践してきたことを、徹底的に吸収していきましょう。１つの方法を完全に把握して試しながら、自分に合った形にしていけばいいのです。

人に直接相談してみる

ある程度知識が蓄《たくわ》えられたら、もっと効率的な情報収集として、**共感できる人や気になる人に連絡を取ってみましょう**。

たとえば、起業に関する疑問があっても、自分の周りの人に聞いて解決できることはほとんどないはずです。そこで、ピンとくる人を見つけたら、連絡を取って相談してみたらいいのです。

私は、ブログやYouTubeを見て、「すごいな」「こうなりたいな」と思う人を見つけたら、すぐに連絡を取っていました。ブログの内容について直接質問したり、「私でも、あなたのようにできますか？」と相談したりしていました。

起業家として活動をしている人の多くは、SNSなどで質問されることには慣れています。特に、公式LINEやメールフォームなどの問い合わせ先を用意している人は、そこから相談されることを想定しています。申し訳ないと思わないで、「聞いてみたいな」と思ったら気軽に相談してみてはいかがでしょうか。

ただし、「すごそうな人」にやみくもに聞けばいいというわけではありません。**自分の疑問に対する答えを持っていそうな人**に聞くことが大切です。

たとえば、ママが起業をするのに、子育て経験がない人に相談をしたとして、「飲み会にたくさん参加して人脈を広げよう」などとアドバイスされても、実践するのは難しいと思います。

ほかにも、**価値観が合う人**を選んで聞くことも重要です。たとえば、子どもが病気のときには近くにいたいという人もいれば、病児保育などを利用して仕事をしたい、という人もいます。自分の考え方に合った人を見つけてください。

情報共有の場に行ってみる

また、起業家や起業を目指す人同士の人付き合いに必要なのは、なれ合いや安心感でなく、役に立つ情報です。起業が軌道に乗るまでは、情報収集のために**意識して「情報共有の場」に参加する**習慣をつけましょう。

インターネットで手に入る情報は、ひとまず、どんなものなのかを知るには有効です。しかし、実際に成功者に直接連絡を取ることで得られる情報は質が違います。

たとえば、SNSの上手な使い方などは、日々さまざまなことが変化していきます。いつまでも古い情報だけを持っていると、置いて行かれてしまいます。つまり、生きた情報をつかむことが大切なのです。日々、起業家として勉強したり働いたりしている人たちの近くにいれば、自然と生きた情報をキャッチできます。

気になる人が参加しているコミュニティなどがあれば、ぜひ参加してみましょう。いきなり参加するのは勇気がいるという方は、まずはひとりに連絡を取って、つながりをつくりながら情報収集をすればいいのです。

自分と似た環境で起業を成功させている人とやりとりをしたり、そのような人たちのコミュニティに参加したりすると、情報収集になるだけでなく、**モチベーション維持にもなります**。

ひとりで暇な時間ができると、つい「私に起業なんて無理かも」というようなマイナスの考えにはまり込んでしまうことがあります。しかし、相談できる相手がいれば、こうした思い込みを消すことができるのです。

007

比べて落ち込むのはもったいない！憧れを原動力にしよう

起業をした後に、多くの人がぶつかる壁。それは、**成功している人と自分を比べて「私なんて……」と思うこと**です。

私も最初は「私なんて……」の連続でした。しかし、だんだんとその感覚は薄れてきて、今ではほとんど感じなくなりました。それは、**成功している人を見ても、未来の自分の姿だと捉えられるようになった**からです。

先日、そんな変化を実感した出来事がありました。ＹｏｕＴｕｂｅを見ていたときのことです。

コロナ禍でなかなか旅行に行けないので、気分だけでも味わおうと世界のさまざまな国を見ていると、たまたま、おすすめの動画にモナコの豪邸が出てきました。とにかく広くて、部屋数も半端ではない、ボディーガード専用の部屋まで付いた大大大豪邸！　レポーターが「この家の金額は？」と聞くと、なんと「400億円です」と！

以前の私なら、その金額を聞いた瞬間に、私にはまったく関係のない別世界の話だと思ったはずです。しかし、そのときの私は、**「400億円の家を買うとしたら、どうしたらいいかな？」という考えが瞬時に頭の中を駆け巡りました。**「よし、私も今できることから頑張ろう」と、奮起できたのです。

YouTubeやインスタグラムは、ダラダラ見ているのは良くありませんが、うまく利用すれば自分を奮起させてくれる手段になります。**憧れの人の生活を垣間見ることで、やりたいことを考えたり、新しい夢を見つけたりすることができます。**

「自分にもできるかも！」と夢を持てれば、行動を促してくれます。現時点では400億円の家を持つのが難しくても、行動を続けていれば、もしかしたら将来は400億円の家を持つことだってできるかもしれません。

もし、「私には無理だ」と判断して行動しなかったら、絶対に400億円の家は持てません。現時点でできるかどうかではなく、「やってみたい」と思うかどうかで判断することで、夢の生活にだんだんと近づけるのです。「こうなりたい」と思うのはタダなので、夢はたくさん見たほうがお得です！

私自身、起業をしてから多くの成功者に会ってきました。その人たちから、たくさんの可能性や夢を見せてもらったと思っています。せっかくの出会いを、自分を卑下する材料にしてしまったら、とてももったいないことです。

小さいことから自信を積み上げる

それでもどうしても自信が持てない人は、自分に対するハードルを下げてみてはいかがでしょうか。**どんな小さいことでもいいので、取り組むことができたら自分を褒めて、自信を積み上げていく**のです。自分なんてと思っていたけれど意外とできている、そんなところを探してみてください。

たとえば、この本を2章の終わりまで読むことができたことは、素晴らしいことです。あなたはすでに、起業の一歩を踏み出しています。

ほかにも「寝る前の10分を、起業のための情報収集にあてられた」「憧れの経営者が実践していることを、自分も試しにやってみることができた」など、何でもいいのです。自分に厳しくしてやる気をそぐぐらいなら、小さなことでも自分を褒めて、自信に変えてください。

大きい夢を見ることも、自信がないことも、どちらも行動を促してくれるきっかけになります。自信がないことはネガティブに捉えられがちですが、私は悪いことではないと思います。

私自身、**起業に成功した大きな理由は、自分に自信がなかったから**だと思っています。自信がないからこそ、「こんな私が、みんなと同じ量だけやったってダメに決まっている。だから、私は人の倍やらないと人並みにもなれない」と思って、実際にほかの人の倍、行動してきました。その結果として、人より何倍も早く成功することができたのです。

自分に自信がないことは、ラッキーです。夢と自信をうまくコントロールして、行動につなげましょう。

Chapter 3

家にいながらお客さまを集める「集客」

001

SNSを活用してお客さまを集めよう

この章からいよいよ、具体的な起業の方法について解説していきます。3章のテーマは、集客です。

先にも書いた通り、集客とは自分を知ってもらうことです。今の時代は、**SNSを使えば、家にいながらスマホ1つで、誰でも簡単に集客ができます**。

チラシなどに比べて効果が高いのも、SNSによる集客の特徴です。なぜなら、SNSにはターゲットを絞って情報が広がっていく、拡散力があるからです。

たとえば、駅前でチラシを配るとしましょう。自分の商品に興味を持ってくれそうな人を見た目から判断できないので、やみくもにチラシを渡すことになります。興味がない人は、当然チラシをゴミ箱に投げ込んで終わり。興味を持ってくれた人がチラシに目を通して、周りに口コミをしてくれたとしても、せいぜい1〜2人です。

一方、**SNSは、たくさんの人に情報がシェアされる可能性があります**。たとえば、ハッシュタグ機能。自分の投稿する内容に関連したハッシュタグをつけて投稿することで、そのハッシュタグで検索した検索結果の画面に、自分の投稿が表示されるようになります。そうなると、チラシを配ったときよりも多くの人が、自分の投稿を見ることになります。こうして、より興味を持ってくれそうな人に絞って、自分の投稿を届けることができます。

さらに、チラシのように一人ひとりに配らなくても、**自動的に大勢の人に情報を届けてくれる**のがSNSのすごいところ。しかも無料で使えるのですから、起業の第一歩として、使わない手はありません。

商品づくりより前に集客を始める

起業では何より先に、SNSを使った集客から始めましょう。

「売る物がなければ、いくらSNSを投稿しても収入にならないし、まだ投稿は必要ないんじゃない？」と考える人もいるかもしれません。しかし、SNSの投稿は、商品ができてから始めるのでは遅すぎるのです。

投稿に慣れること、写真に慣れること、文章に慣れることが必要なので、できるだけ早く始めるべきです。まずＳＮＳを投稿し、自分の認知度を広げていきましょう。

また、自分と近い価値観のフォロワーを集め、その人たちが求める商品をつくれば、**需要の高い、売れる商品をつくれます**。

まず、自分の価値観をＳＮＳで発信します。そして、共感して集まってくれた人が求める物を考えて商品にします。思い浮かばなければ、フォロワーの人たちに必要な物を聞けばいいのです。

集客の前に商品をつくっても、買う人がいなければ意味はありません。お客さまがいなければ、人目につかない場所で商品を展示しているのと変わらないのです。

商品がない状態で集客ができるのか、疑問に思うかもしれません。しかし、コツさえつかめれば、ＳＮＳでの集客はさほど難しくありません。あなたが日々感じていること、大事にしていることを発信していけば、共感してくれる人が自然と集まってくるようになります。

商品ありきのＳＮＳ発信は、単なる宣伝になってしまいます。

少し前の時代なら、商品を宣伝するだけでも買ってもらえたでしょう。しかし、今は同じ商品でもどこから買うか、誰から買うかが重要な時代です。だからこそ、商品を買ってもらうためには、**商品を売っている自分がどのような人間であるかを、知ってもらうことが必要なのです。**

ＳＮＳは、これを助けてくれる便利なツールです。

002

「普通」の経験をブランドにして、共感してもらえる投稿をしよう

SNSで発信をするというと、「発信できるような、特別な経験が何もないのですが……」と相談されることがよくあります。しかし、実のところ、**普通の経験しかしていない人の投稿のほうが、集客には向いているのです**。

SNSで発信してフォロワーが増えていくことは、友達が増えていくことと、さほど変わりはありません。

友達ができるきっかけは、相手が自分に興味を持って話しかけてくれたとか、話してみたら意気投合したとか、ほんの些細《ささい》なことですよね。特別な経験があるから、友達がすごく増えるかといったら、そうでもないはずです。

普通の生活しかしていなくても、それが誰かにとっては特別な魅力であり、惹かれ

るものではないでしょうか。

さらに、SNSを通じて、誰かに**「この人の商品を買いたい」と思ってもらうようになる近道は、共感できる投稿をする**ことです。

たとえば、ジャングルで生活していて、毎日のようにとんでもないハプニングに巻き込まれる人のSNSアカウントがあったらどうでしょうか？　面白そうですし、フォロワーは多いかもしれません。しかし、あくまで読み物としての面白さです。

「この人と同じようになりたい」とか、「この人から何か教えてもらいたい」と思うような、その人に対する共感は生まれにくいはずです。

自分の「ブランド」をつくる

とはいえ、普通の日記のように発信していても、あなたの価値観を理解してフォローしてくれる人は増えません。**あなたがどんな人か、どんな発信をしているかを、わかりやすく示す**必要があります。それに誰かが共感して「この人から買いたい」と思ってくれたら、あなたのブランドになります。これが、**ブランディング**です。

私の場合は、時給900円の事務のパートから起業で人生が変わったという経験を、自分のブランドにしました。時給900円のパート。ごくごく普通というか、どこにでもいると思いませんか？　だからこそ、同じような境遇の人が共感して、どうやって起業したのかを聞きに来てくださったのです。

簡単に言えば、**自分の人生の一部を看板として掲げると、それがブランドになる**のです。多くの人に共感してもらうには、ブランドはありふれた経験で構いません。

ブランドを考えるのが難しければ、**あなたがどんな投稿をしたいか**を考えてみてください。次に、**その投稿はどんな人の役に立つか**考えます。

たとえば、子育ての話をするのが好きな人なら、子育て関連の投稿をするでしょう。この投稿が誰に役立つかを考えると、きっと同じように子育てをしているママさんたちです。このママさんたちが、あなたのフォロワーであり、お客さまです。

それでは、このお客さまに、どんな情報を提供できるでしょうか？　起業はお客さまの悩みを解決することですから、ママさんたちのどんな悩みを解消してあげられるかを考えます。自分自身が、過去にどうやって悩みを解決したかを考えてみると、思いつきやすいかもしれません。

自分の子どもがなかなか寝つかなくて苦労をした経験があるなら、実際にそれを克服した方法を教えるのはどうでしょう。同じ悩みを持っている人にとっては、きっと役立つ情報になります。

こうして、お客さまのためにできることをブランドにします。たとえば、ねんねトレーニングを頑張ってきた人なら、その人のブランドとして、「ねんねトレーニングでお悩み解決」というフレーズが考えられます。

ビジネスにおいて、すでにやりたいことがあり商品が決まっている方であれば、まずお客さまになるターゲット層を決めて、商品内容を考えてから、その層にささる方法で発信することが基本です。しかし、これは商品が決まっていない方にはとても難しく、なかなかうまくいきません。そのため、まだ商品がない人は**発信したい内容から逆算して、お客さまの対象を決めていく**ことをおすすめしています。

たとえば、若い女性をお客さまにしようと先に決めてしまうと、その人たちが何を求めているか、いくら自分で考えても想像の域を出ません。
それならば、最初は自分の投稿したい内容に合わせて、お客さまになる人たちを考えていったほうが簡単なのです。

フォロワーの数は、1000人ほど集まれば、ひとりでのビジネスとしては十分に成り立ちます。そのため、そんなにたくさんの人を狙う必要はありません。むしろたくさんの人に当てはまるブランドを考えようとすると、内容がぼやけてしまうこともあります。小規模な起業をするなら、的を絞ったブランディングが必要です。

また、SNSで一気にフォロワーを増やそうと、いわゆるバズを狙ってしまう人もいます。まったく別人のようなキャラを作り込んでいったり、話を盛ったり。しかし、集客という意味では、これはあまり良い結果につながりません。

集客とは、フォロワーとの間に信頼を築いて、「この人から商品を買いたい」と思える関係をつくること。そのような関係になるには、**嘘のない、等身大の発信を、無理なく続ける**ことが何よりも大切なのです。

003

インスタグラムとブログを使って、集客の流れをつくろう

はじめて集客をする人は、**インスタグラムとブログから始めるのがおすすめ**です。

この2つを組み合わせれば、より効果的に集客をすることができます。

集客に特化したツールやホームページを作る方法もありますが、はじめて起業をする人には難しいと思います。インスタグラムなら無料で使えるのでリスクもないですし、普段から使っている人なら、新しく使い方を覚える必要もありません。

SNS集客ならインスタグラムが一番

数あるSNSの中で、このインスタグラムを選ぶのは理由があります。

まず、インスタグラムは、**日常的に利用している人が多いSNS**です。たとえば、フェイスブックの国内月間アクティブユーザー数（登録しているだけではなく、実際

に使っている人の数）は、２０１９年７月の時点で約２６００万人と言われています。一方、インスタグラムの国内月間アクティブユーザー数は、２０１９年３月時点で３３００万人を超えています（これ以降、ユーザー数の公式発表はありません）。

かつては、ビジネスで集客をするならフェイスブックを使うという人が多数派でした。しかし、今では実際に使っているユーザーはインスタグラムのほうが多くなっているのです。トレンドを考えても、インスタグラムのほうが人気です。

また、インスタグラムのユーザーには、ＳＮＳを通じて何かを学びたいと考えている人も多いので、ビジネスの入り口にとても向いています。

ツイッターもユーザー数自体は多いのですが、ツイッターでビジネスをしている人は、ツイートするだけで集客ができている、というわけではありません。オフ会で知り合った人同士で「いいね」をしたり、お金をかけて拡散させたりして、集客につなげているなんてことも少なくないのです。これは、主婦にとっては、高いハードルになってしまいます。

ユーザー数の多さでは、最近注目を集めているＴｉｋＴｏｋ（ティックトック）もあります。しかし、このSNSはユーザーの年齢層が低いので、ママの起業にはあまり向いていません。

ブログで深いファンをつくる

インスタグラムだけではなく、ブログを一緒に使う目的は、**自分の価値観に強く共感してくれる、「濃いフォロワー」、つまりファンを獲得する**ためです。

SNS集客の理想的な形は、逆三角形をしています。一番上がインスタグラム、次がブログ。一番下に問い合わせ窓口として、公式LINEを用意しておきます（公式LINEについては、5章で詳しく説明します）。上にいくほど集客できる人数が多く、下にいくほどファンが濃くなります。

インスタグラムは、この中では一番多くの人を集められます。インスタグラムを一度も見たことがない人は少なくなってきていますし、「よし！　インスタを見よう」と意気込まなくても、なんとなく暇な時間に見てしまう人が多いはず。つまり、**投稿が多くの人の目に触れやすい**のです。

SNS集客 理想の逆三角形

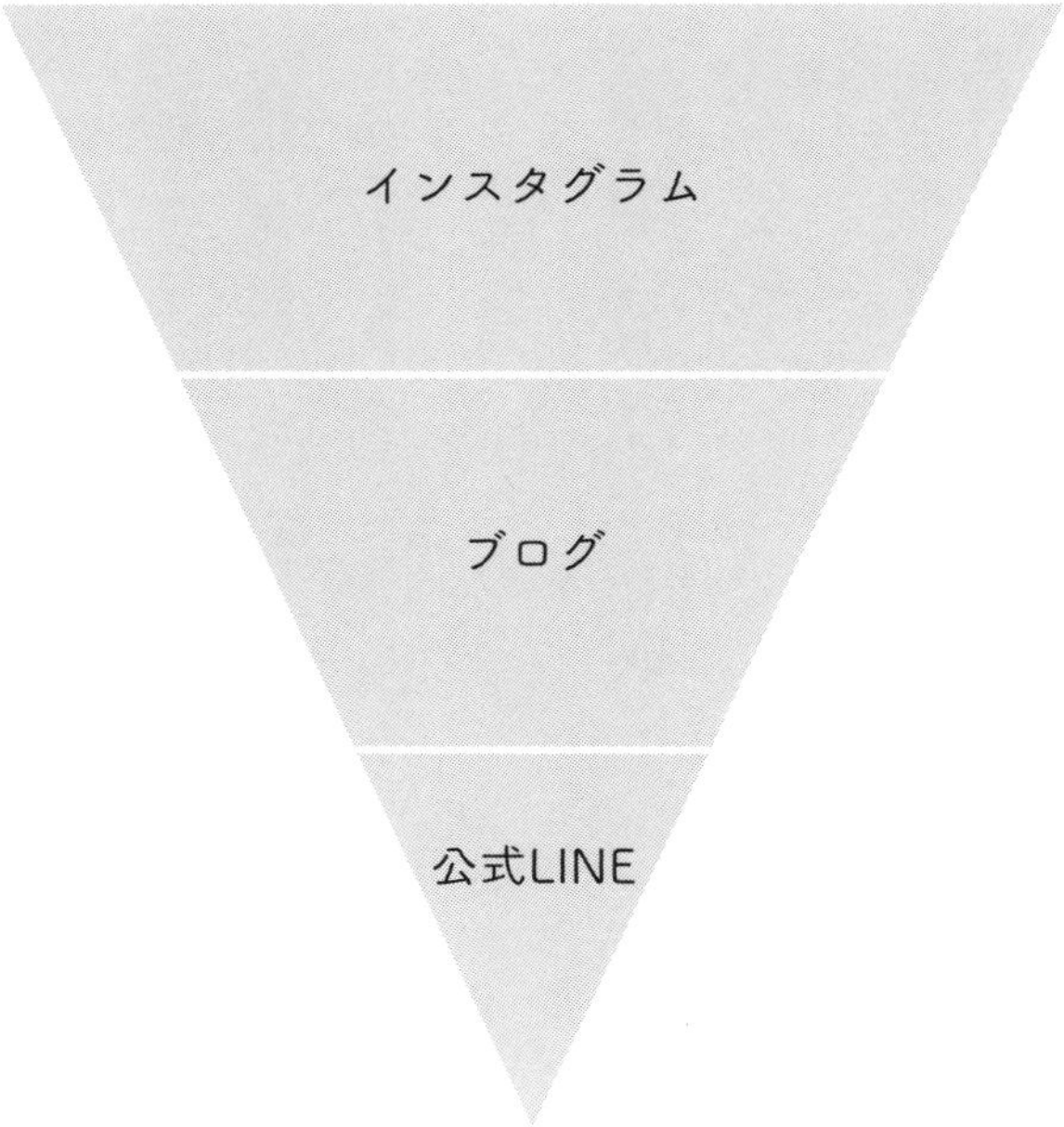

ただ、インスタグラムはあくまで写真を見るSNSなので、長文を読むにはあまり向いていません。そのため、**投稿している人の考え方や価値観がわかりにくい**というデメリットがあります。そこで、ブログが必要になります。

私は、インスタグラムにもブログとまったく同じ文章を投稿しています。しかし、最後まで読んでもらえるとは思っていません。インスタグラムはあくまでもきっかけ。しっかり読みたいと思った人は、ここからブログにアクセスしてくれるのです。

ブログは、インスタグラムとは違い、文字のツールです。さらに、インスタグラムのように自分の画面にほかの人の投稿が表示されることはありません。そのため、誰かが「読むぞ」と思ってクリックしない限り、記事が読まれることはないのです。すなわち、**文章からしっかり情報を得たいという人だけが見るのがブログ**です。

ブログにたどりついてもらうまでには、高いハードルがあります。その代わり、わざわざ読みに来てくれた人は、最後まで投稿を読んでくれる可能性が高いのです。さらには、そこから5記事、10記事とまとまって読んでくれる方も多くいます。

結果として、ブログによって、**自分の価値観をよく理解して、共感してくれるファ**

ンを増やすことができるのです。

インスタグラムで数多くのユーザーの目に触れて、その中の一部の人にブログを読んでもらう。そこから、商品への問い合わせにつなげる。これが、理想の集客の流れです。

こう書くと難しそうに感じるかもしれませんが、実際にやることは、**写真を撮って、文章を書いて、投稿する**。この３つだけです。

004

掃除しながら、洗い物をしながら……家事の時間で集客ができる

インスタグラムとブログを使った集客は、忙しいママにも向いています。なぜかというと、インスタグラムやブログは、**すき間時間を使った投稿がしやすい**のです。

私が起業を始めたときは、まだパート勤めもしながら、副業として起業をスタートさせました。子育て、家事、パートと忙しい中でも集客をできたのは、すき間時間を使って投稿ができたからです。すき間時間で勉強して、ある程度起業の知識が身についたら、情報収集にあてていた時間を、今度は集客のために使いましょう。

すき間時間の中でも、**家事をやっている時間は、SNSの投稿内容を考えるのにうってつけ**です。インスタグラムやブログを書こうとするとき、パソコンやスマホに向かって意気込んでも、なかなかアイディアは出てこないもの。家事の間など、体や手

を動かしているときのほうが、思考が整理されやすいのです。

私は今でも、お皿を洗っているときや、料理をしているとき、洗濯物を干しているときに、投稿するネタを考えています。


先日も、すき間時間を使って、1つのブログ記事の内容をまとめした。

きっかけは、友人が「子どものうちからスマホを使いすぎると、脳の発達に良くないって聞いたんだけど、どう思う？」とLINEを送ってきたこと。私は、こうした話題について考えるのが好きなので、洗い物をしながら自分の考えを整理しました。

普通なら、友人のLINEに自分の考えを回答して終わりです。しかし、私はブログに投稿します。読んでくれた人が、「この人の考えることは面白いな」「また読みたいな」と思ってくれれば、私のファンになってくれるわけです。

作業を小分けして時間を有効活用

どれだけ忙しくても、**すき間時間はあらゆるところにあります**。たとえば、赤ちゃんを育てているママさんなら、赤ちゃんがお昼寝をした後。親御さんを介護している方なら、デイサービスの利用中や、親御さんが寝た後。パート勤めをしている人は、通勤時間や休憩時間などがあります。

私がパートと起業を両立していたときのやり方を、一例としてご紹介しますね。まず、洗い物などの家事をしながら、頭の中で大体の構成をまとめます。そして、スマホの音声入力機能を使ってメモをしておきます。夜、子どもが寝た後に、メモした物をブログにコピーして、接続詞を加えるなどして文章を整えます。

次の日、パートのすき間時間を使って、前日作ったブログの下書きを微調整していきます。駅で電車を待つ時間や、トイレに行く時間、お昼の休憩時間を使い、文字の大きさを変えたり、強調したいところを太字にしたり、写真を加工したり。微調整が終わったら、投稿します。

内容を考えて投稿するまで一気にやろうとしたら、まとまった時間が必要になります。しかし、**作業を小分けにすればすき間時間でも簡単にできる**のです。発信は続けていくことが大切ですから、自分がやりやすい方法を編み出してください。

005

自分を必要としてくれるファンを増やすテクニック

インスタグラムで集客をするというと、フォロワーの数をとにかく増やそうとする人がいます。しかし、無計画にフォロワーの数を増やしていくだけでは、問い合わせにつながりません。お金を出してまで商品を買おうとは思っていない、いわば「薄いフォロワー」ばかりが増えていってしまいます。

たとえば、1日に100人が来店するお店があったとします。そのうちの98人が見ているだけだったり、ひやかしだったりしたら、お店の売上はほとんど上がりません。一方で、1日の来店者数が10人だったとしても、8人が買ってくれたら、こちらのお店のほうが売上は高いのです。

インスタグラムでの集客も同じです。ただ数字を増やすのではなく、**問い合わせにつながる「濃いフォロワー」、すなわち「ファン」を増やさなければいけません。**

ファンの増やし方

具体的に、どうやってファンを増やしていくのでしょうか？　最初にやるべきことは、先ほども書いた通り、**あなたのブランディング**です。

私の場合は、「元・時給９００円」をブランドにしたので、同じようにパートをしている主婦の人から、ファンになってもらうことを目指しました。

ファンになってもらいたい人がわかったら、**その人たちが求めている内容を発信します**。どこに行った、こんなことをした、と単に記録するだけでは意味がありません。自分の投稿がファンにとって有益かどうか、常に考えるようにしましょう。

また、**自分をフォローしてもらいたい人を、自分からフォローしていく**のも有効な手段です。人は自分のために何かをしてもらったら、お返ししたい心理が働きます。これを心理学では「返報性《へんぽうせい》の法則」と言います。こちらからフォローすれば、その人がフォローを返してくれる可能性が高まるのです。

自分のファンになってくれそうな人を探すには、自分と似た人のアカウントをフォローしている人を探します。

たとえば、名古屋でネイルサロンを始める人がインスタグラムで集客をしようとしたら、名古屋にあるほかのネイルサロンのアカウントをフォローしている人たちを見つけて、フォローします。この人たちは、実際にサロンに通っている人や、ネイルに興味がある人です。そのため、新しいネイルサロンにも興味を持って、ファンになってくれる可能性が高いのです。

つまり、**自分のお客さまになる可能性の高い人は、自分と同じようなブランディングで発信している人のところに、すでにいるのです**。そのため、まずは自分と似た人を探して、その人のフォロワーをフォローしていきましょう。

ただし、投稿が少ない時点でたくさんフォローしすぎると、アカウントが凍結されることがあります。凍結の正確な基準は公開されていませんが、アカウントを開設してすぐは、1回の投稿をしたら5人をフォローするくらいを目安にしましょう。

フォロワーが増えれば、1回投稿した後で20人くらいフォローしても凍結されなくなります。アカウントを育てるつもりで、ゆっくりフォローしていきましょう。

006

インスタグラムの写真は、身の回りの物を神アプリでおしゃれに

よく「インスタグラムに投稿するような、おしゃれな物がないんです」と相談を受けます。インスタグラムに投稿する写真は、**身近な物をスマホで撮影すればOK**です。今読んでいる本や、使っているボールペン、お気に入りのコーヒーカップなどを、写真に撮って投稿しましょう。

しかし、そのまま投稿しても、おしゃれな投稿が多いインスタグラムの中で注目を集めるのが難しいのは事実です。そこで、アプリを使って写真を加工しましょう。私は撮る物によって、3つのカメラアプリを使い分けています。

まず、**物や風景などの写真におすすめなのは、「VSCO」というアプリ**です。VSCOのフィルターを使って加工するだけで、写真をモノクロにしたり色味を変化さ

せたりできて、一気に雰囲気のあるおしゃれな写真に変わります。一部有料の機能もありますが、無料のフィルターでも十分スタイリッシュな加工ができます。

普通のカメラで撮るとそこまでおしゃれに見えない物でも、VSCOで加工するだけで一気にあか抜けた印象になります。

次に、**食べ物を撮るのに特化したアプリが「Foodie」**です。これは料理の写真をいかにおいしそうに撮るかを追求して作られたアプリ。

料理をおいしそうに撮るのは、普通は難しいことですが、このアプリさえあれば、おいしそうで、おしゃれな雰囲気の写真に加工できます。

最後に、**人を撮ったり自撮りをしたりするときにおすすめなのが、「Beauty Plus」や「SNOW」**です。このカメラアプリで撮ると、シワがなくなり、目が少し大きく、鼻や顔のラインがシャープになるなど、良いことづくめ（笑）。

これらのアプリを使い分ければ、身の回りの物でも、目を引く写真が撮れます。

こんな投稿写真はNG！

たとえ、おしゃれな写真を撮ることに自信がなくても、次の3つを避ければ、たいていの写真は問題ありません。

1つ目のNGは、**自分の商品を前面に出した写真**。先ほども書いた通り、商品ありきの発信は単なる宣伝になってしまい、なかなかフォロワーが得られません。商品紹介は、フォロワーと信頼関係を築いてからにしましょう。

2つ目は、**顔のドアップの写真**。もし自分の写真を載せるなら、風景を大きくして自分は小さく写したほうが無難です。また、カメラ目線ではなく、目線を落とした感じのほうがおしゃれな印象になります。

3つ目は、**集合写真**です。大勢の人が写っていると、どれが自分なのか伝わりづらくなります。画面がごちゃごちゃとして見えるので、避けたほうがいいでしょう。


写真に添える文章は、基本はブログと同じで構いません。インスタグラムでは文章はあまり読まれないので、頑張って新しく書いても報われないのです。

それでも、もしインスタグラム限定の文章を載せるなら、**自分の価値観を知ってもらえるような投稿**を心がけてください。日記のように出来事を書くのではなく、あくまで人に伝えたい思いを発信しましょう。

007

ブログは「名刺」自己紹介記事で心をつかもう

インスタグラムの次は、ブログを始めましょう。

ブログサービスにはさまざまな種類があるので、どれを選べばいいか悩んでしまうかもしれません。集客のためにブログを書くなら、**アメーバブログ（通称・アメブロ）**から始めるのがおすすめです。

アメブロは、**SNSの良さを兼ね備えていて、集客しやすい仕組みになっています。**

具体的には、フォロー（読者登録）や「いいね」の機能が使えます。自分と似た価値観や興味を持っている人を見つけたら、読者登録や「いいね」をしていけば、相手が自分のブログを読みに来て、読者になってくれる可能性が高まるのです。

また、ジャンルごとのランキング機能もあります。ランキングで上位に入ると、そのジャンルに興味がある人に、ブログを見てもらえる機会が増えるのです。

私も、起業当初はアメブロを使っていて、フォロー機能を使うことで効果的に集客ができました。起業して1年ほどは、アメブロを使うといいでしょう。

ブログで自分をよく知ってもらう

ブログには、集客において重要な役割があります。それは、**名刺**です。

以前なら、名刺に書かれた肩書きが、人のことを物語っていたかもしれません。今では、その人のSNSやブログを見れば、人となりがよくわかります。

私は名刺を持っていませんし、名刺交換をしたこともありません。**ブログを読めば、私がどんな活動をしているか、どんな価値観を持っているか、よく知ってもらえます**。

そのため、名刺の必要性を感じていないのです。

ブログを名刺代わりにするなら、**ブログの最初の記事は自己紹介を書きます**。プロフィール欄にたくさん書くと読みづらくなってしまうので、はじめに投稿するいくつかの記事に渡って、自己紹介を書くことをおすすめします。

自己紹介と一言で言っても、自分がどこの出身で、どこの高校に行って、何人兄弟で……などと、履歴書的なことを書くわけではありません。**自分のブランドにとって重要な経歴を、現在の自分に至るまでのストーリーとして書く**のです。

ストーリーとして書くためには、箇条書きで淡々と書くのではいけません。ありのままの気持ちをさらけ出し、リアルに書くことが大切です。

小説を読むと、挿絵がなくても、文章だけで頭の中にイメージが浮かびますよね。それは、**描写がとても丁寧**だから。大事なシーンでは、主人公はどんな場所にいるのか、どんな天気なのかなど、詳しく書かれていることが多いと思います。

ブログで自己紹介を書くときでも同じこと。自分にとって大事な出来事に的を絞って、丁寧に書きましょう。

私の場合は、自己紹介記事には時給900円のパートから起業に至るまでのことを詳細に書きました。子どもが何人いるとか、転勤族だったというような、自分の仕事に関係が薄いことはさらっと。すべてをきっちりと書いていく必要はありません。

それよりも詳しく書くべきことは、**当時のリアルな感情**です。

たとえば、「あの頃はお金がなくて、心に余裕がありませんでした」とだけ書くのでは物足りません。そうではなく、お金がなかったときに**思っていたことを、そのままの言葉で書く**のです。

「お金持ちの人を見ると、『いいよね、あの人は裕福で』と思っていました」

「『もっとお金があったら、こんな毎日を送らなくて済むのに』と、ことあるごとに考えていました」

こんなふうに書いてみます。そうすると読んだ人は、**まるで自分のことのように感じられます**。「あれ？　これって私のこと？」「この気持ち、わかる！」と、より深い共感につながっていくのです。

ブログに書くことの線引きは、あくまで**自分がその部分を人前に出したいか出したくないか**だけ。

たとえば、自分にとって苦い思い出を書くと、それを見て同じ経験をした方が申し込んでくれるかもしれません。そうなると、そのお客さまに対応するたびに、自分の嫌な記憶を引っ張り出さなくてはならなくなります。

起業のメリットは好きなように仕事の形をつくれること。せっかく起業をしてストレスフリーに仕事をできるチャンスなのに、嫌なことをわざわざ思い出してストレスをためる必要はありません。

自分が書きたいこと、誰かに知ってほしいことだけを、書けばいいのです。

ワーク

実際の自己紹介記事は、どんなふうに書かれているでしょうか？
下のＱＲコードを読み込んで、私（小桧山美由紀）の自己紹介記事を見てみましょう。

https://kohiyamamiyuki.com/archives/1

008

自分の価値観や考え方を記事にして、共感してくれる人を増やそう

自己紹介記事の投稿が終わったら、いよいよ本格的にブログ投稿を始めます。投稿する内容の考え方は、基本は自己紹介のときと同じ。**自分の価値観を表現して、深く共感してもらえるテーマ**の記事を書きます。

どんなことを書けばいいか迷ったら、少なくとも次の2つの内容は避けましょう。

1つ目は、プライベートな日記。自分の日常をただ書いても、価値観はあまり伝わりません。2つ目は、自慢話。こんな素晴らしい生活をしていると書いても、読者にとっては得るものがないのです。

ブログの内容を考えるときのコツは、その記事を読んだ人の反応を想像してみることです。私がブログを書くときは、友達にその内容を話したとしたら、**相手から「あ**

りがとう」と言ってもらえるかを想像するようにしています。

「昨日、本屋さんに行ったんだ」と日記のようなことを話しても「……で？」と言われるだけ。「昨日、高級なお寿司屋さんに行ったんだ」と自慢話をしても、「だから？」という反応が返ってくるだけです。

「スーパーで新しい洗剤を見つけて、セールで298円だったんだけど、めちゃくちゃ安くない？　しかも、すごく良い匂いなの！」と伝えれば、「そうなんだ！　この後早速買いに行ってみるよ！　ありがとう」と言ってもらえそうです。

このブログを読んで良かった。役に立つ情報を教えてもらって、ありがたい。読者がそう思ってくれる記事を書きましょう。

日記と自慢話以外なら、書く内容は基本的には自由です。それでも、忙しい生活の中でブログを続けていくためには、**自分の書きやすいテーマを普段の生活の中から見つけてくる**といいでしょう。

たとえば、子育てや仕事の中で、自分のポリシーにしていること、大切にしていること、悩みの対処法などのテーマが考えられます。

自分の理想の生活というテーマも、価値観が伝わりやすく、良いテーマです。

一言で理想の生活と言っても、好みは人それぞれ。海外生活か、日本で暮らしたいか。都会か、田舎か。遊ぶように生きたいか、バリバリ仕事をしたいか。物をたくさん持ちたいか、それとも少なくしたいか。

住む場所、暮らし方、仕事の仕方、お金などにカテゴリー分けして、それぞれについて1記事ずつ書いても、4記事になります。

さらに、**その1つのカテゴリーから、もっと細分化して書くのも手です**。たとえば、住みたい場所について書くなら、そう思う理由、そう思うようになったきっかけ、その理想を実現する方法……など、いろいろなテーマを考えられます。

同じテーマをさまざまな角度から書いてみたり、シリーズ化したりする方法もあります。雑誌の編集長になったつもりで、楽しみながら企画を立ててみましょう。

1記事の文字数の目安

ブログ1記事の**文字数は、1000字くらい**が基本です。最初は、これくらいの長さの記事から投稿してみましょう。

また、記事の目的に合わせて文字数は変わります。のめり込んで読んでほしい、ストーリー性がある記事は2000字。まとまった情報を、しっかり伝えたいときは3000字。これまでの記事の内容をまとめて、永久保存版のマニュアルを作るなら1万字が目安です。

長い文章を書くのが苦手な人は、スマホについている**ボイスメモ機能**を使ってみてはいかがでしょうか。

テーマについて1分ほど話してみるだけでも、文章にすると文字数がとても多いことにびっくりすると思います。後はすき間時間を使って、読みやすく編集するだけ。ブログ記事を書くハードルがぐっと下がり、続けやすくなるはずです。

009

目標を定めてコツコツ継続！楽しみながら書き続けよう

インスタグラムとブログを始めたら、**インスタグラムのフォロワー1000人、ブログ30記事**を目標にしましょう。

インスタグラムのフォロワーは、あくまでファンの1000人です。

あなたが「こんなことをやってみようと思います」と言ったときに、**「いいですね！」と言って申し込んでくれるような「濃いフォロワー」**。やみくもにフォロワーを増やしたり、バズらせて注目を集めたりしても、そのような層は集まりません。

あなたの価値観に共感してくれるフォロワーを集めるよう、心がけましょう。

ブログは、開設するときに**前もって30記事を準備しておく必要はありません**。書けるときに書いて、1記事ずつ投稿していきましょう。

恋愛でも、1日で何十通とやりとりしてその後何の連絡もない人より、1日のメッセージ数は少なくても定期的に長い期間やりとりしている人のほうが仲良くなりやすいですよね。それと同じことです。

たくさんの記事をまとめて一度に公開するより、数日に1回更新されているほうが、読者がブログに通ってくれるようになります。


ブログを書いても反応がなくて、「私には向いてなかった」と投稿をやめてしまう人がたまにいます。しかし、最初は読んでもらえないのが当たり前。逆に、ブログを一記事書いただけで、ものすごい人数が自分のブログに殺到するなんてことがあったら怖いくらいです（笑）。

たとえ反応がなくても、**まずは10記事**を目標に、ブログを書き続けてください。10記事を超えたら、次は30記事。アメブロの読者登録も、インスタグラムと同じように1000人を目指します。

今まで文章をあまり書いてこなかった人が、読みやすい記事を書くのは難しいことです。30記事くらいをかけて、ゆっくりブログ投稿に慣れていきましょう。

慣れるまでは、記事作成にも時間がかかりますし、書くのは辛いかもしれません。しかし、これはどんな人でも体験する最初の一歩です。

ブログは、コツコツと育てていくしかありません。いわば、筋トレのようなもの。1日筋トレをしたら、すぐ腹筋が割れて、ムキムキのマッチョになるわけではないように、1記事を書いただけですぐ成果に結びつくことはありません。じっくり続けていくことが大切なのです。

焦らず、楽しく続けよう

インスタグラムとブログを続けていくコツとして、**数字ばかりを追い続けない**ということもあります。目標の数字に縛られすぎず、自分が楽しく続けられるペースをつかみましょう。

数字だけを追っていると、成果が上がらなかったときに、ガクンとやる気がなくなってしまいます。「こんなに反応のないSNS更新を続けていて、自分は本当にうまくいくのかな？」と不安に思うこともあるかもしれません。

もし心が折れそうになったら、あなたのブログを昔の自分が読んでいることを想像したり、2章で決めた掟を思い出したりしてみてください。過去のあなたにとって、そのブログは希望の光になり、きっと救われるのではないでしょうか。

反応に結びつくまでに時間がかかることもあるかもしれませんが、続けていればかならず誰かに届きます。

私は、今自分がやっている仕事の中でも、SNSを使った集客がもっとも好きな仕事です。なぜなら、書けばかならず反応があるから。いいねやフォローをもらったり、公式LINEへ登録してもらったり、スクールの申し込みという反応が返ってくるからです。

あなたにもかならずそんな時期がやってきます。**楽しみながらSNS投稿を続けていきましょう**。

Chapter 4

やりたいことがなくてもできる「商品づくり」

001

自分のやりたいことがなくてもOK 誰かの悩みを解決する商品を考えよう

この章では、商品づくりのノウハウをお伝えしていきます。

すでに自分の中で、商品を決めている人もいるかもしれません。しかし、実際に始めてみると、はじめから思い通りの商品でうまくいくとは限らないのです。この章で扱う知識を頭に入れておいて損はありません。

商品づくりというと、「私には特技も趣味も、特別な経験もないから」と尻込みする人がかならずいらっしゃいます。起業というと「やりたいことを仕事にする」というイメージがあるかもしれませんが、それは誤解。むしろ、**やりたいことがない人のほうが早く稼げるようになる**傾向があります。なぜなら、特定の商品に執着することがないので、柔軟性があるからです。

ハンドメイドが大好きで、自分の作品を売って月に１００万円を稼ぎたいという方は多くいらっしゃいます。しかし、これがなかなか難しいのです。

たとえば手作りのピアス。ものすごくおしゃれで凝ったデザインでも、２０００円くらいの販売価格。このピアスで１００万円を稼ぐとなると、５００個を販売しないと達成できません。月に稼働する日が20日だとしたら、１日あたりの制作個数は25個。これをひとりで作るのは、かなり厳しいはずです。さらに、１カ月で５００個を販売するのも、最初は難易度が高いでしょう。

そうすると、１００万円を稼ぐためには、ハンドメイド作家として商品を作って売るだけでは足りません。一部の工程を外注したり、ハンドメイドを教えるスクール主催などのお仕事を組み合わせたりする必要があります。

ハンドメイド作品の販売への思いが強すぎると、この方向転換がなかなかうまくいかないのです。もちろん、やりたいことがあるのは悪いことではありません。どうしても、**自分のやりたいことで起業したいなら、工夫して商品づくりをしましょう。**

もし、仮に月１００万円を稼ぎたいなら、**すでに１００万円を稼いでいる人と同じ**

ことをやってみたほうがいいのです。かつての私も、ある起業家のブログを見て、その人がコンサルタントをして月に100万円を稼いでいることを知り、「私もそんなふうになりたい！」と思ったので、同じように起業コンサルタントを始めることを決めました。このような柔軟性があると、早く結果につながりやすくなるのです。

「商品」というと、単純にお客さまに販売する物、と考えがちです。しかし、そう考えただけでは、人気商品にはなりません。やはり人気のある商品は、お客さまの助けになっている物、悩みを解消できる物です。

つまり、商品づくりとは、**お客さまの助けになる方法を考えること**なのです。商品をつくるときには、このことをかならず頭に入れておいてください。

オンライン化が自宅起業の追い風に

今までなら、お客さまを助けるためには、直接会って商品を提供することが一般的でした。しかし近頃は、**オンラインで提供することが主流になってきています**。そのおかげで、より柔軟な商品づくりが可能になりました。

新型コロナウイルスの影響もあり、その流れはさらに加速しています。子育て中の人にとっては、自宅起業を始める追い風となるはずです。

かつて、ママが自宅で起業をするというと、自宅の一室でサロンや教室を開く形が定番でした。しかし、このような起業は資格や経験、高い技術があってこそできることであって、何もないママが0から始めるには現実的ではありません。

もし仮に高い技術があったとしても、**自宅でサロンや教室を開くのは、子育て世帯にはハードルが高い**のです。たとえば、明日のサロンのために部屋を掃除したのに、帰ってきた子どもたちが散らかしてしまうことも……。

しかし、オンラインなら、そんなことを気にする必要もなくなりました。私自身も、自宅でサロンや教室などを開くのではなく、**自宅でZoomやLINEを使って**、お客さまへ商品提供（私の場合は、起業のコンサルティング）をしています。

002

意外なところにヒントがある！自分の商品の探し方

私は、今まで3000人以上の方の起業に携わってきました。その中で、起業の方法を正しく学び、その通りに実践していても商品がつくれなかった、という方はひとりもいません。**商品の種は、誰でも持っています**。

商品づくりを始めると多くの人が驚くのは、自分にとっては「こんなこと」でも、ほかの人にとっては貴重な商品であるということです。これは、ひとりではなかなか気づけません。まずは、**どんな種類の商品があるのかを知ることが必要です**。

商品は品物に限りません。**自分の経験、情報、知識**も、商品として成り立ちます。

たとえば、私は無痛分娩を経験しているのですが、この経験も商品になります。日本では無痛分娩があまり一般的ではないので、無痛分娩に興味があっても、周りに相談できる相手がいないという人はたくさんいます。「無痛分娩を検討している人向けのお話し会」というイベントを主催したら、これは立派な商品です。

無痛分娩は日本では特別な経験にあたるかもしれませんが、特別な経験でなければ商品にならないかというと、これも違います。

たとえば、子育て。子育ては、そこまで珍しい経験ではありませんが、十分に商品になるのです。子育てに悩んでいる人や、子どものためならお金を払ってでも何かをしてあげたいという人は、とても多いからです。

悩める親たちのための子育て相談室を開けば、喜んでもらえるはず。**あなたにとっては普通の体験でも、未経験の人にとっては貴重な情報になります。**

商品は一度では完成しない

自分が扱う商品は、集客を始めてから少なくとも2カ月の間に決めましょう。2カ月では短く感じるかもしれませんが、これには理由があります。

それは、期間を決めずに考えていると、一生ものの、究極の商品をつくろうとしてしまい、いつまで経っても商品が決まらないからです。

商品づくりは、まずは期限を区切って取り組みましょう。

就職するときも、まずは興味のある仕事をしてみて、合わなかったら転職しますよね。それと同じで起業の商品も、まずは一度やってみて、「なんか楽しくないな」「もうちょっと別の物のほうがいいかも」と思ったら変えていけばいいのです。

私自身、はじめての起業では、子育てお茶会をやろうと思って集客をしていました。しかし、お茶会に集まった方々が、子育てのことよりも「なぜ起業しようと思ったのか?」という質問をしてくれることが多かったのです。おかげで、私にはこちらのほうが求められている、と気づくことができました。その結果、商品を変更して、起業コンサルタントとして起業することにしました。

ほかにも、元々ハンドメイド作家を目指していた人が、ほかの商品の種類を知っていくうちに、「コンサルタントのほうが楽しそう」と思うようになって転身した、という例もあります。

このように、**一度は商品をつくった後でも、大きく方向転換することもある**と、心に留めておきましょう。

それでも、まったくのゼロから自分で商品を思いつくのは難しいことです。

そのため、まずは**先に起業をしている人たちが、どのような商品を扱っているのか**を調べてみましょう。本書の122ページ以降でも、ママにおすすめのお仕事の例をいくつか紹介しています。その中で「これならやってみたい」「自分にもできるかも」と思った物があれば、真似してみてください。

商品のオリジナリティなどは、最初のうちは気にしなくても構いません。実際にやってみながら、自分らしい商品に変えていけばいいのです。

どうしても悩んでしまって商品が決められないという人は、**すでに起業で成功している人や、起業に詳しい人に聞いてみるのが早い**と思います。

特に、起業コンサルタントをしている人なら、どんな商品があるかも知っていますし、その商品でどうやって成功するかもわかります。必要に応じてコンサルティングもうまく使いながら、商品づくりを進めましょう。

003

やりたいことが見つかったら、お客さまに求められる形にしよう

商品づくりの過程で気をつけなくてはいけないのは、その商品が**お客さまに求められている形になっているか**ということです。

ビジネスの大前提は、お客さまの悩みを解決すること。悩みを解決してくれるからこそ、お客さまはお金を払います。そのため、商品として成り立たせるには、お客さまがお金を払ってでも解決したいことであることが重要なのです。

たとえば以前、「ほじくり相談」という商品を考えた人がいました。キャッチコピーは「あなたの嫌なところを、どんどんほじくり出します」。つまり、自分の嫌なところを見つけ出し、指摘するサービスだというのです。

私はこれを聞いたときに、商品としては少し難しいだろうなと思いました。冷静に

考えれば、自分の嫌なところを見つけてほしいという人はほとんどいないからです。商品を提供するほうは気持ち良いかもしれませんが、お客さまは全然気持ち良くないですし、嫌な気持ちになって終わります。

「自分がこれをやりたい」という気持ちだけでは、商品はつくれません。お客さまが、お金を払う価値を感じてくれなければ、成り立たないのです。つまり、**自分がやりたいことを、お客さまが欲しいと思ってくれる形にしていく**必要があるのです。

「ほじくり相談」であれば、嫌なところをほじくり出した後に、それを改善する方法まで提案できれば、商品になるかもしれません。ただ、「ほじくり」という言葉には良いイメージがないので、「自分をもっと好きになれる！　自分を認めてあげたい人のための1DAY講座」などのような名前が良いですね。

やりたいことがあるけど、それが何の役に立つかわからない、という方もよくいらっしゃいます。これは、そのやりたいことの内容が悪いのではなく、**お客さまの悩みを考えることが足りていない**ということです。お客さまが何に悩んでいるのか。そして、自分のやりたいことでどうやって解決できるか。よく考えれば、やりたいことを商品の形にする糸口が見えてくるはずです。

たとえば、「ハンドメイドで何か品物を作って、それを売りたい」と考えるだけでは足りません。それでは、この商品はお客さまのどんな悩みを解決するでしょうか？忙しいママたちに代わって、入園・入学準備グッズを作って販売したらどうだろう。とても良い一歩です。もう一歩、お客さまの側に立って想像してみてください。

そうすると、園や学校によって準備する物のサイズが違う、ということに気づきます。それなら、オーダーメイドで入園・入学グッズの注文を受けて販売してみよう。

このように考えていけば、単なるハンドメイド作品販売というところから、どんどんお客さまの求める形に展開していけます。

考えても自分で思い浮かばなければ、すでにある商品の事例を見てパターンを学んだり、一度コンサルタントに相談してみたりするのも1つの手です。

在庫を持たない商品がおすすめ

商品を考えるときは、リスクが高い商品もあることに注意しましょう。

私が起業の第一歩としておすすめしている仕事は、**知識や情報を教える仕事や、悩**

みの相談に乗る仕事です。このような仕事では、商品が「物」ではないので、**在庫を抱えるリスクがなくなる**からです。

品物を仕入れて販売する場合は、まず仕入れのための資金が必要になります。先に仕入れをするためにお金を回してしまうと、起業に必要な知識を学ぶための資金が少なくなってしまうのです。

何度もお伝えしているように、起業を成功させるために必要なのは、何よりも知識です。最初の段階では、これは特に大切なこと。知識を得るための本やスクールにかける資金を減らして在庫を持つことは、とてもリスクが高い行為です。

また、仕入れた商品がうまくいかなかったとき、**在庫を抱えていたら、身軽に方向転換ができません**。自宅で起業をすると在庫を置く場所も限られるので、すべて売り切らないといけないというプレッシャーも生まれます。そのため、新しい商品に挑戦することも難しくなります。

リスクを少なく抑えて起業をしようと思うなら、在庫を抱えない仕事から始めてみてはいかがでしょうか。

004

ママにおすすめのお仕事カタログ

ここからは、ママにおすすめするお仕事にはどのようなものがあるか紹介します。私がこれまでに、さまざまな人の起業をサポートしてきた経験から、人気がある仕事や、多くの収入が見込める仕事を選んでみました。

見込み収入は、大体の平均を算出して掲載しています。当然、お客さまが増えたり、単価が上がったりすれば収入も増えていきます。

1日に何人くらいお客さまがいるか、どれくらい勤務時間を割けるかによって、月収は大きく変わります。見込み収入は、あくまで一例とお考えください。

〈単価1万円の場合〉

・お客さま10人／1カ月……月収10万円
・お客さま3人／1日、週5日勤務……1日3万円×月20日＝月収60万円

〈単価2万円の場合〉

・お客さま10人／1カ月……月収20万円
・お客さま3人／1日、週5日勤務……1日6万円×月20日＝月収120万円

最初の一歩としては、**単価の低い商品や、単発商品から始めてみる**ことをおすすめします。その商品がうまくいきそうなら、月謝制のスクールや3カ月コースにするなど、単価が高く、長期で提供する商品に切り替えていきましょう。長期コースのほうが、お客さまにとっても効果が出やすく、ビジネスとしても軌道に乗せやすいのです。

また、誰かに教えること自体に自信がない人は、**最初は無料で試してみて、お客さまの反応を見てみる**のもいいでしょう。このようなお試し期間は、在庫を抱えない仕事だからこそできることです。

それでは、次のページから早速見ていきましょう。

子育て相談室

仕事内容 子育てに悩むお母さんへ、自分の経験から子育て方法をアドバイス

見込み収入 月10万〜20万円

単価 1回1万〜2万円

時間 1回60〜120分

提供方法 Zoom（テレビ電話）やLINE通話でアドバイス

必要資格 なし

必要経験 子育て経験

ポイント 新米ママにとって、子育てはちょっとしたことでも悩んだり不安になったりするものです。特殊な子育てや特別な教育の知識がなくても大丈夫。「普通の子育て」の経験こそ、新米ママが教えてもらいたいポイントがたくさん詰まっている、リアルな子育て情報になります。親友から育児の相談をされたつもりで、親身になってアドバイスしてあげましょう。

ねんねトレーニング相談室（子育て相談室の発展型）

仕事内容 赤ちゃんの寝かしつけに困っているお母さんへ、ねんねトレーニングの方法をアドバイス（赤ちゃんの寝かしつけ方法のアドバイス）

見込み収入 月40万〜60万円

単価 1クール20万〜30万円

時間 1クール3カ月

提供方法 月1回オンライン面談、LINEでアドバイス、動画レッスン

必要資格 なし

必要経験 子どもの寝かしつけに苦労して、それを乗り越えた経験

ポイント 子どもの寝かしつけに本気で悩みながらも、なかなか人に相談できずに、ひとりで抱え込んでいるお母さんは多くいます。自分自身が子どもの寝かしつけに苦労してきた経験を活かし、今まさに困っているお母さんたちを手助けしてあげましょう。

ハンドメイド作家

仕事内容	ハンドメイド作品の販売
見込み収入	月3万～20万円
単価	1個1000～6000円
時間	制作する物によって変動あり
提供方法	ハンドメイドサイトやインスタグラムでの作品販売
必要資格	なし
必要経験	ハンドメイド制作経験（趣味での経験も◎）
ポイント	趣味を発展させて、好きなことを収入につなげましょう。お客さまとリアルタイムにやりとりする仕事ではないので、さらに自由に働く時間を決められます。ただし、ハンドメイド販売サイトは競争率が高く、登録しただけでは売れません。比較的ライバルが少ないインスタグラムなどのSNSをうまく使って、自分の作品のファンを獲得していきましょう。

オンラインハンドメイド教室（ハンドメイド作品販売の発展型）

仕事内容 ハンドメイド作品の作り方を教えるレッスン

見込み収入 月10万〜50万円

単価 1レッスン1万〜3万円

時間 1回120〜210分

提供方法 Zoom（テレビ電話）でのレッスン

必要資格 なし

必要経験 ハンドメイド制作経験（趣味での経験も◎）

ポイント 自分で作品を作って販売するだけでなく、作り方を教える側になることで、作品販売よりも大きな収入につながります。レッスン内容は、作品の作り方だけでなく、ハンドメイド作家になるためのノウハウを教えることもできます。たとえば、オンラインでの販売方法や、商品の撮影方法を教えるレッスンにも需要があります。

オンラインメイクレッスン（自宅セルフケアレッスン）

仕事内容 似合うメイクの提案、メイク方法のレッスン

見込み収入 月10万～30万円

単価 1レッスン1万～3万円

時間 1レッスン120分

提供方法 Ｚｏｏｍ（テレビ電話）でのアドバイス

必要資格 なし

必要経験 メイクが好き、または、美容部員経験など

ポイント メイクが好きだからこそ、自分だけでなくみんなをきれいにしてあげたいという思いがある人におすすめ。雑誌やＹｏｕＴｕｂｅのメイク動画を見るだけでは、自分に似合うメイクはなかなかわかりません。センスや経験を活かして、お客さまに似合うメイクを提案し、手持ちのメイク用品で実際に再現する方法も教えてあげましょう。

ネイルサロン、エステサロン

仕事内容 ネイルの施術、エステの施術、セルフケアのレッスン

見込み収入 月20万～50万円

単　価 1回1万～3万円

時　間 1回の施術120分

提供方法 自宅の一室やレンタルスペースで施術

必要資格 あり

必要経験 ネイリスト、エステティシャンとしての勤務経験

ポイント 仕事経験があっても、結婚・出産後に家庭のことが忙しくなり、仕事に復帰できない人におすすめ。ネイリストやエステティシャンとして働いてきた経験がある人は、独立して自宅で起業することもできます。雇われる働き方から卒業し、自分の好きな時間で働きながら、収入をアップさせていきましょう。

生きにくさ相談室・カウンセリング

仕事内容 お客さまの話を聞いて、心を軽くしてあげる

見込み収入 月10万〜20万円

単価 1回1万円

時間 1回の相談60〜90分

提供方法 Zoom（テレビ電話）やLINE通話でのアドバイス

必要資格 基本なし、必要に応じてカウンセラー資格など

必要経験 人の話を聞くのが好き、相談に乗るのが好き

ポイント 悩みを抱えているときでも、なかなか周りに相談できない人がいます。テレビ電話やLINE通話を使えば、対面カウンセリングよりも気軽にお話しできます。役立つアドバイスや解決策を提案できなくても大丈夫。悩みを誰かに聞いてもらうだけで、心が軽くなるものです。お客さまの話を聞いて、心をスッと軽くしてあげましょう。

継続カウンセリング（相談室・カウンセリングの発展型）

仕事内容 数カ月間、定期的にお客さまの話を聞いて心を軽くしてあげる。必要に応じて、アドバイスをして解決策を提案

見込み収入 月40万〜100万円

単価 1クール20万〜30万円

時間 1クール3カ月

提供方法 Zoom（テレビ電話）やLINE通話でのアドバイス

必要資格 基本なし、必要に応じてカウンセラー資格など

必要経験 人の話を聞くのが好き、相談に乗るのが好き

ポイント 人の悩みは、たった一度の相談では解決しないことがほとんどです。数カ月間にわたって定期的にお話を聞くことで、悩みの経過を知り、根本にある原因を引き出します。継続的にお客さまの悩みに寄り添い、解決に導いてあげましょう。

お料理教室

仕事内容 ノンシュガー料理やローフード、ヴィーガンなどこだわり料理のレッスン、食への知識を教える食育講座

見込み収入 月5万〜50万円

単価 1レッスン5000〜4万円

時間 1回120〜210分

提供方法 自宅の一室やZoom（テレビ電話）でのレッスン

必要資格 基本なし、栄養士などの資格があれば説得力が出る

必要経験 料理が好き、こだわりを活かした料理経験（趣味での経験も◎）

ポイント 趣味やこだわりを発展させて、お料理のレッスンをしてみましょう。スマホで手元を写しながら料理をすることで、自宅からオンラインレッスンが可能です。お料理教室は大手企業も参入しているので、普通の家庭料理よりも、オリジナリティのあるこだわり料理のレッスンがおすすめです。

占い

仕事内容 タロットカードやオラクルカードなどで、お客さまを占って鑑定結果を伝える

見込み収入 月3万～20万円

単価 1回3000～1万円

時間 メール1通、または、1回の相談60～90分

提供方法 メールやZoom（テレビ電話）やLINE通話

必要資格 なし

必要経験 占いの知識やスキル

ポイント 占いが好きな人が、自分で占う方法を勉強して、ほかの誰かを占ってあげる側になることができます。ただお願いされたことを占って鑑定結果を伝えるだけではなく、お客さまの悩みや行きたい方向をよく聞き出しながら、占いを使って解決に導いてあげるといいでしょう。

CA（キャビンアテンダント）受験アドバイザー

仕事内容 CAの仕事内容の説明、レジュメの書き方など、CA合格に必要なアドバイス

見込み収入 月10万～30万円

単価 1回1万～2万円

時間 1回90～120分

提供方法 Ｚｏｏｍ（テレビ電話）やＬＩＮＥ通話でのアドバイス

必要資格 なし

必要経験 ＣＡ経験

ポイント ＣＡ（キャビンアテンダント）になりたい人はとても多いので、採用されるためには対策が必要です。それでも、誰もが先輩ＣＡに相談できるわけではありません。ＣＡのような人気職業に就いていた人が、合格するためのコツを教えれば、とても喜ばれることでしょう。

エアラインスクール（CA受験アドバイザーの発展型）

仕事内容 エアライン受験対策

見込み収入 月60万〜120万円

単価 1セット16〜45回レッスンで35万〜40万円

時間 1回120分〜150分

提供方法 Zoom（テレビ電話）やLINE通話でのアドバイス

必要資格 なし

必要経験 CA経験、もしくは、CA採用経験

ポイント CAに合格するのはかなりの難関です。合格するためには長い時間をかけて学ぶ必要があるため、継続的なレッスンを求めているお客さまも多くいます。大手のスクールにはない丁寧で細やかな指導を心がけて、生徒さんをCA合格に導きましょう。

ショッピング同行

仕事内容 お客さまに似合う服のお店を選び、お買い物に同行して似合うコーディネートを提案

見込み収入 月20万〜60万円

単価 1回2万〜3万円

時間 1回の同行150〜210分

提供方法 対面でのショッピング同行

必要資格 なし

必要経験 洋服が好き、コーディネートが好き

ポイント 自分で服を選ぶと、いつも同じようなスタイルになってしまいがち。だからこそ、第三者の目線で、いつもと違う服装に変身させてほしいという人がいるのです。あなたのセンスを発揮して、お客さまの新しいファッションをプロデュースしてあげましょう。

起業コンサルタント

仕事内容 これから起業する人に起業の始め方を教える、すでに起業した人に集客などのノウハウを教える

見込み収入 月20万〜1000万円

単価 15万〜400万円

時間 4カ月〜1年

提供方法 オンライン講義、LINEでの質疑応答・アドバイス、動画レッスン

必要資格 なし

必要経験 起業の知識、起業経験

ポイント 自分が実際に起業をした経験は、これから起業をしようと考えている人や、起業してうまくいかずに悩んでいる人にとって、役に立つ情報になります。どうやって起業を決意したのか、というようなことから、売上を伸ばす実践的な方法などを、自分の起業経験を交えながら教えましょう。

そのほかにも、いろいろな商品があります。気になる商品があれば調べてみましょう！

マインド系

カウンセラー
コーチング
恋愛コンサルティング
パートナーシップ講座

子育て系

英語育児
受験コンサルティング
右脳教育レッスン

海外系

留学コンサルティング
移住サポート
オンライン英会話

オシャレ系

カラー診断
骨格診断
クローゼット診断
ファッションコンサルティング

サロン系

まつエクサロン
アロマテラピー
整体／マタニティ整体
パーソナルトレーニング
アートメイク

スピリチュアル系

四柱推命
タロットカード占い
パワーストーン鑑定

005

理想の生活を叶えるために、目標金額で商品を選んでみよう

先ほども述べたように、やりたいことがないのであれば、柔軟にビジネスを進められます。まったく悲観する必要はありません。

とはいえ、商品がいつまで経っても決まらないのでは、起業がなかなか先に進みません。そこでおすすめなのは、**目標金額で商品を決める**ことです。

私も最初は、「趣味がない、特技もない、やりたいこともない」状態で、商品をすぐには決められませんでした。しかし、「月に100万円稼ぎたい」という目標金額が先にあったので、その金額を実現するにはどうしたらいいのかを考えました。その結果、起業コンサルタントという仕事に行きついたのです。

先ほども書いた通り、商品の設定によっては、目標金額に届かない場合もあります。

そのため、目標金額を設定するのは商品づくりにおいて大事なプロセスです。お仕事紹介の欄に記載した見込み収入も参考にしてください。

理想の生活から目標金額を考える

もし目標金額がはっきりしていない場合には、**あなたにとっての憧れの生活**を考えてみるのがおすすめです。

前章でも書きましたが、憧れの生活と一言で言っても、その形はさまざまです。都会でセレブな生活を送りたい人もいれば、自然に囲まれてナチュラルな生活を送りたい人もいるでしょう。

自分の憧れの生活がわかったら、**その生活を送るために必要な金額**を考えます。その生活を実現している人が稼いでいる金額がわかれば、目標金額が決まります。

そこまで来たら、後はその人がやっていることを、そのまま仕事にすればいいのです。目標達成への道がもう存在しているわけですから、実現も早いはずです。

また、自分がしたい生活のイメージをきちんと描いてから商品を決めると、**理想の**

生活と仕事の内容がかけ離れたものにならないというメリットもあります。

理想の生活のイメージがわかなければ、SNSを活用してみるといいと思います。インスタグラムなら写真をたくさん見られるので、自分が良いと思うものを直感的に選ぶことができます。誰かの暮らしの写真を見ていて、何か感じることがあったら、その人の生活に憧れている可能性があるということです。

もしくは、第1章のワークもヒントになるでしょう。やりたくないことをやらないでいい生活を考えると、理想の生活のイメージが固まってくると思います。

また、起業で叶う生活の一例として、今の私も参考にしてもらえるかもしれません。私は起業をしてから、このようなことができるようになりました。

・値段を見ないで買い物ができる
・自分の欲しい物は、ブランド品であっても迷わず買える
・スーパーに行くくらい気軽に海外旅行ができる

・子どもたちをインターナショナルスクールに通わせてあげられる
・自分の好きな仕事をしながら、子どもたちがやりたいことも叶えてあげられる
・場所を問わず仕事ができ、世界のどこにでも住める
・夫にサラリーマン卒業をプレゼントできる
・夜景のきれいなハイクオリティなタワーマンションに住める

自分ならどんな生活を送りたいか、次のページのワークで考えてみてください。

ワーク

あなたは、どんな生活がしたいですか？　もしくは、誰のようになりたいですか？　書き出してみましょう。

回答例

・子どもに、制限なくどんな習い事でも通わせてあげたい
・子どもがやりたいことを経済的にも全力で応援したい
・雨の日にはタクシーで幼稚園送迎したい
・これが良いなと思った服を値段に躊躇せず買いたい
・スーパーではオーガニック食材を買いたい
・我慢して節約しなくても貯金ができるようになりたい
・子どもの大学費用を十分に蓄えたい
・子どもをインターナショナルスクールに通わせてあげたい
・親子留学に行きたい
・ハワイ、パリ、香港、台湾、グアム、etc. 2カ月に1回は海外旅行へ行きたい
・仕送りや旅行など親孝行したい
・夫にサプライズで車をプレゼントしてあげたい
・豪華なタワーマンションに住みたい
・毎月高級焼肉を食べたい
・毎月美容院へ行きたい

006

1つの商品に絞らなくて大丈夫 興味があったら全部チャレンジしよう

ここまでは、自分が扱いたい商品が思い浮かばないときはどうしたらいいかをお伝えしてきました。一方で、いろいろな仕事に興味があって、1つに絞れないという人もいるでしょう。

1つに絞ろうとするのは、一生ものの商品を探している証拠。商品は、**無理に絞る必要はまったくありません**。

そもそも、一度その商品を試してみなければ、わからないこともたくさんあります、やってみる前から、「これが私の天職だ」などとわかるはずがありません。

これは、起業ではなく就職する場合も同じです。先ほども書きましたが、今の時代は、一回就職しても、定年までずっと同じ会社で勤め上げる人のほうが少ないのではないでしょうか。私も起業する前は、さまざまな業種のパートを経験してきました。保険代理店の事務、卸売業の事務、たばこのプロモーション、飲食業のバイト。

それなのに、起業というとなぜか同じ商品を一生扱わないといけないのだと、多くの人が思い込んでしまいます。実際には、起業だって、**興味があることは全部やってみていいのです**。

ただし、最初から全部をやろうとしても、手が回らずに中途半端になってしまいます。いろいろな商品を、気になる順に1つずつ試していくといいでしょう。

私はパートでいろいろな仕事をしてきましたが、どれもつまらなく感じて、お金のためだけにやっていた、というのが正直なところです。そんな私が起業を楽しめたのは、**最初から1つの仕事に絞らず、合わないときは柔軟に形を変えることができた**から。やっていて楽しい仕事にたどりつくことを目指しましょう。

今の段階で、何を優先するか考える

商品が決まって自分にもしっくりきているのに、目標金額に届かない。逆に目標金額には届いているけれど、商品がしっくりこない。このように、**商品の内容と目標金額にずれが生じてしまっているときは、何を優先したいかを考えましょう**。

お金を優先したいなら、まずは目標金額を稼ぐことを考える。

自分がやりたいことを優先したいなら、お金のことは後回しにして、まずはやりたいことをやってみる。

どちらかを一生ずっと優先しなければいけない、と考えるのではなく、**現時点でどちらを優先したいか**を考えればいいのです。

人生に何を求めるかは一人ひとり、違います。収入を優先して、後からやりたいことをやるという方が多いですが、中には楽しくなければ人生じゃない、と楽しさを追求する方もいらっしゃいます。

いずれにしろ、一度きりの人生です。せっかく起業をするなら、自分の好きな仕事や生活を追求しましょう。誰にも遠慮することはないのです。

007

先を越されていたら、実はラッキー！同じ商品で成功した人を追いかけよう

商品が決まった後に陥りがちなのが、**自分と同じような商品を扱っている人が、すでに大きな成果を上げているのを見て、意気消沈してしまう**こと。

ここで落ち込んでしまうのは、２つの理由があると思います。１つは、その人と比べて同じようにできないと思ってしまうこと。もう１つは、この人がライバルなったら、私は勝てないと思ってしまうことです。しかし、この２つの思考は見方を変えれば、起業をするための原動力になってくれます。

まず、今すでに活躍している人と比べて、**自分ができないのは当たり前**のこと。先に成功をしている人は特別な才能があったのではなく、あなたより早くから勉強を始めて知識を得て、努力を続けてきた結果、成功をつかんでいるのです。

あなたも今日から始めれば、その人のようになることができます。「できないからやらない」ではなく、「できないからこそ、これからやるんだ」という気持ちの転換をしてみてください。

「私なんて……」を、立ち止まる理由ではなく、原動力にするのです。

前にも書いたように、自信がないこと、不安なことは成功のもとです。不安だからこそ学ぼうとする。自信がないからこそ、しっかり準備をする。みんなが10やっているときに、15も20もやる。私自身、そうやって誰よりも慎重に進んできました。

「自信がないなら、根拠のない自信で固めよう」と言う人がたまにいますが、無理に自信を持つ必要はありません。もし成功したいなら、**自分の自信のなさとうまく付きあっていきましょう**。

先に成功している人はライバルにならない

自分と同じ商品を扱って成功している人がすでにいた場合、この人がライバルになったら大変だと考えて、早々に諦めてしまう人がいます。しかし、**先に成功している**

人は、かならずしもライバルになるわけではありません。

人の価値観というのは十人十色。同じ情報について学ぶとしても、どのような相手から教えてもらいたいと思うかはさまざまです。

自信がある先生に引っ張っていってほしい人もいれば、親身な先生のもとでリラックスして学びたい人もいます。自分と同じ境遇の人から、近い目線で教えてもらいたい人も多いです。子育て中だから、同じママから学びたいという人もいるでしょう。

要するに、誰から商品を買いたいと思うかは、人それぞれなのです。したがって、**あなたから学びたい、買いたいという人もかならず現れる**はずです。

ある商品が選ばれるかどうかのポイントは、すでに成功しているかどうかよりも、**その商品を提供している人の人間性に惹かれるかどうか**が重要なのです。「先に始めている人を選ぼう」と思うお客さまは、あまりいません。

それよりも、同じ商品ですでに成功している人がいるなら、実はラッキーなことなのです。その商品には十分に成功する可能性があることが、自分で試す前からわかっているのですから。

008 「変わりたい」気持ちに正直になろう

商品が決まっても、なかなか実行できないという人もいます。変化を恐れて、言い訳のために、起業できない理由がこんこんとわいてくるものです。

そんなときは、**あなたの「変わりたい」という気持ちに正直になりましょう**。

先日、こんな人がいました。「美由紀さんのＹｏｕＴｕｂｅを５本くらい見たんですけど、自分には起業なんてできないと思いました」と言うのです。

私はその方に、こう伝えました。

「そんな人は、私のＹｏｕＴｕｂｅなんか見たりしませんよ。しかも５本も。そこまで見たということは、変わりたいという気持ちがある証拠。その気持ちに正直になれば、起業はできます」

この本を読んでいる、あなたもそうです。４章まで読んでいるということは、**きっと「変わりたい」と思っているのではないでしょうか？**　それなら、起業はできます。まずは「変わりたい」という気持ちを自覚しましょう。

その後は、**できない理由を並べない**ことを意識しましょう。いくら理由を並べても、事実が変わったり、できるようになったりはしないからです。

「子どもが４人もいる。どうしよう」。こう言っても、子どもが減るわけではありませんよね。どうしたら子どもが４人いても起業できるか、考えるしかないのです。

心の中に**「どうしよう」という感情がわいてきたら、「どうしたらいいんだろう？」という言葉に変換する**癖をつけてください。

・「時間がない。どうしよう？」
↓「時間がない中でどうやってやろう？　忙しい人はどうやっているんだろう？」

・「お金がない。どうしよう？」
↓「お金がない人はどうやって学んだんだろう？」

壁にぶつかったらあきらめて終了、ではなく、**乗り越える方法を考える**。それを続けていけば、できない理由が頭に浮かぶことはなくなります。

また、変われない人は、「今じゃないと思う」とよく言います。「もう少し知識をつけてから」「子どもが大きくなってから」「お金ができたら」などなど。

しかし、すべてが完璧にそろうのを待っていたら、今度は年齢が高くなっています。そうなれば、次は「もっと若ければ」と言うでしょう。子どもが大きくなって、さあ始めようと思ったら、今度は親の介護が始まったなんてことも少なくありません。

人生は予期しないことの連続。**すべての条件を完璧にそろえてから始めようとしたら、一生始められません**。

できるかできないかではなく、やりたいかやりたくないか、変わりたいか変わりたくないかで物事を判断しましょう。

やりたい、変わりたいと思ったら、次のステップはやってみるだけ。

やってみて、何か違うと思っても、以前の生活に戻るだけです。何もマイナスにはなりません。変化を恐れず、一歩踏み出しましょう。

009

インスタグラムとブログで徐々に商品を紹介する流れをつくろう

商品が決まったら、徐々にインスタグラムとブログで商品紹介をします。

注意したいのは、商品ができたからといって**「ハンター」に豹変するのは絶対NG**です。ハンターというのは、いかにもお金を狙っている雰囲気の人のこと。私はひそかにそう呼んでいます。

「商品ができた！　よし、みなさんに紹介しよう！」と、いきなり商品の写真や説明、値段をどーんと出すのは絶対にやめましょう。**宣伝っぽさが強く出てしまい、せっかく集まったフォロワーが離れていってしまいます**。

今まで、役に立つ情報をくれる人だと思いながら投稿を見ていたのに、突然商品が出てきたら、「この商品を買わせるためだったんだ……」と誰でも思うはずです。急に投稿内容が変わってしまったら、せっかく深く共感してくれていたファンもついていけなくなってしまいます。

このような事態を避けるために、いつも通りの投稿から、**なだらかに商品紹介へシフトする**ようにしましょう。

商品が決まったら、商品を紹介する日までに投稿する内容を、あらかじめ決めておくといいでしょう。たとえば、これから10日後に、インスタグラムやブログで商品の話を出そうと決めます。そうしたら、その10日間にどんなことを書いて投稿するか考えておくのです。

10日目に商品の紹介をする前に、9日目には、そのお仕事をやろうと思った理由や、自分の思いを書きます。8日目より前から徐々に、「こんなことをやりたいな、と考えています」と書いてもいいでしょう。

10日目から逆算して考えていくほうが、なだらかな流れをつくりやすくなります。

具体例として、たとえば子育て相談室を商品として紹介する場合は、次のページのような流れを考えられます。

子育て相談室を始める場合のブログ

1〜8日目

「子育てのことや思いを記事に書いている中で、どうしたらもっと多くの方の悩みを解決できるだろうと考えています。」

「もっといろいろな人の悩みを解決するために、最大限自分の力を発揮するにはどうしたらいいのかな、とここ最近よく考えるようになりました。」

9日目

「子育ては自分で考え、決定しないといけないことの連続。その前でどうしたらいいのかと悩んでいる人も多いはずです。でも、ひとりで考えていても、なかなか解決はできません。人に話したり、アドバイスをもらったりするだけでも、心が軽くなります。ずっと悩み続けてひとりで苦しむより、相談して解決したほうがずっと笑顔でいられますよね。」

10日目

「みなさんの悩みをもっと解決できるように、直接相談できる場を用意しました。私自身も子育てにすごく悩んだ経験があるからこそ、こうやってみなさんに子育てについて伝えることができてうれしいです。」

商品紹介の記事でも、お客さまを中心に

商品を出すときは、ビジネスの原則を思い出してください。自分だけでなく、お客さまを笑顔にすることがビジネスのゴール。お客さまの悩みを解決して、喜んでもらうことでしか商品としては成り立ちません。

そのため、**投稿する内容はお客さまを主役に書いていきます**。自分の経験から、どのようにお客さまの悩みを解決できるか。悩みを解決することによって、お客さまにどう変わっていってほしいか。そのような内容を中心にします。

商品紹介で書いてはいけないのが、**「ぜひ」や「お待ちしています」という言葉**。この言葉で締めてしまう人はとても多くいます。

しかし、こう書いてあると、いかにも待ち構えているような感じが出てしまいます。読者にとっては、「自分がいらない物まで、押し売りされるのでは……」と怖さを覚えるのです。

「この商品によって、私もお客さまも笑顔になる」ということが伝わるように、記事を準備していきましょう。商品がお客さまの役に立つ形で成り立っているなら、そのように商品を紹介できるはずです。

せっかく良い商品ができたとしても、ハンターになってしまったら得られる物は何もありません。その商品によって、どうやったらお客さまに喜んでもらえるか、常に考えるようにしましょう。

Chapter 5

自分もお客さまも
うれしくなる
「営業」

001
「営業」は押し売りじゃない！困っている人に必要な物を教えよう

起業をする前、私は「営業」だけは絶対にやりたくないと思っていました。パートを選ぶときにも、営業だけはかならず避けていたほどです。起業してストレスなく働こうとしても、営業という嫌なことをしないといけないとしたら、本末転倒です。

しかし、ここで紹介する営業方法はまったくストレスがありません。**お客さまが喜んでくれる商品だけを提案する**という方法だからです。

会社で営業をしていると、ノルマのような目標数字を背負って働かなくてはならないことが多いでしょう。そのため、お客さまの笑顔のためだけに仕事をするのは難しいかもしれません。

しかし、起業なら自分でルールを決められるので、**営業の方法も自分にストレスがない形にできる**のです。これが、起業という働き方の大きな魅力だと思います。

私が考える営業とは、困っている人に必要な物を教えてあげること。いわば、**「人助け」**です。

営業というと、とにかく自分の商品を売り込んでいく、押し売りというイメージがあるかもしれません。私も起業する前にはそのようなイメージを持っていたので、「起業するには営業が必要」と聞いたときは、倒れそうになりました……（笑）。

しかし、実際に営業について学んでいくと、そのイメージは崩れていきました。営業の前提として、**欲しがっていない人に商品を売り込む必要はない**からです。お客さまが困っていて助けてほしいと思っているとき、本当に商品を必要としているときに、商品のことを教えてあげるのが本当の営業の形だと知ったのです。

たとえるなら、目の前に溺れている人がいたとして、すぐ近くの売店に浮き輪が1000円で売られていたとしたら、浮き輪を買って溺れている人に投げてあげるはずです。それで命が助かった人は、喜んで1000円を払うはずです。

人気の商品とは、売り方がうまいから売れるのではなく、**喜んでお金を払いたくなる商品**だから人気があるのです。

「商品の価値を伝える力」が大切

営業で重要なのは「**商品の価値を伝える力**」です。喜んでお金を払いたくなるほどの商品の魅力を、お客さまにわかってもらうことが必要です。

たとえば、スーパーで袋入りのみかんを売っているとします。片方は一般的なみかん。もう片方は無農薬で糖度も高いおいしいみかん。しかし、その違いはラベルに書かれていません。この状態で、1袋390円と690円でスーパーに並んでいたら、どちらが多く売れるでしょうか？　確実に390円のみかんですよね。同じように見える商品が並んでいたら、安いほうから売れていくのはビジネスの鉄則です。

しかし、690円のみかんのラベルに、こう書かれていたらどうでしょうか？

「普通のみかんの倍の糖度です」
「ビタミンは10倍です」
「無農薬栽培されており、子どもからお年寄りまで安心して食べられます」
「皮を丸ごと使ったマーマレードジャムにしても召し上がっていただけます」

このように書かれていれば、商品の価値がお客さまに伝わります。多少値段が高くても、健康志向の人は手を伸ばすでしょう。実際に食べてみて感動するほどおいしかったら、値段以上の価値があると判断されて人気商品になっていくでしょう。

営業によって、**商品の価値が伝わってはじめて、その商品を求めているお客さまがそれを手に取ってくれるのです**。

こう言うと、自分には難しいと思う人がいるかもしれません。「私は話し下手なので、商品の価値をうまく伝えられません。営業は無理です」と言う人もいます。

しかし、困っている人に必要な物を教えてあげるためには、**話すことが上手である必要はまったくありません**。必要なのは、相手を思いやる気持ちです。

話すのが得意な人しか営業ができないなら、私も絶対できません。ひとりで起業している主婦の方には、話し上手でない人はたくさんいます。それでも、ほとんどの方が商品の価値を説明できますし、お客さまからの申し込みにつながっています。話し方のテクニックがなくても、**思いやりがあるから、伝えることができる**のです。

あなたの友達が困っているところを想像してみてください。たとえば、友達が腰痛で歩くこともできなくて困っている。そうしたら、何か力になってあげたいと思うでしょう。自分も腰痛で困った経験があったら、どうやって改善したか教えてあげますし、良い薬や病院を知っていれば教えてあげるはずです。

そのときに、うまく伝えようとか、話し上手になろうなどとは考えませんよね。大切な友達に**何かをしてあげたい気持ち、それが営業の原型**なのです。

これまでにも繰り返し、起業は単なるお金儲けではなく、困っている人を助けてあげることだと書いてきました。

商品の説明を上手に、魅力的に話そうとしすぎなくても大丈夫です。むしろ、商品情報ばかりをきれいにペラペラ話してしまうと、いかにも宣伝っぽく見えてしまって、お客さまと信頼関係を築くのが難しくなると私は思います。

相手を思いやる気持ちを大切に、商品の良さを伝えていくことを心がけましょう。

002

LINE公式アカウントで、問い合わせ先を用意しておこう

集客できて、商品も完成したら、次は営業用に問い合わせ窓口を作りましょう。

私は問い合わせ窓口として、**LINE公式アカウント**を使っています。LINE公式アカウントとは、LINEのビジネス版。集客と顧客フォローに特化したサービスです。お店や企業の「公式LINE」に登録した経験がある人も多いと思いますが、これがまさにLINE公式アカウントです。

企業の公式LINEでは、ほぼすべて自動返信でやりとりをしている印象があると思います。しかし、私は自分の公式LINEに登録をしてくださった方とは、**すべて手動でメッセージのやりとりをする**ようにしています。

私は、公式LINEに登録してくださった方に、特典として「失敗しない起業の始

め方　5ステップ」という資料をプレゼントしています。このプレゼントも、登録してくださった方に自動で送信しているわけではなく、一人ひとりに手動でお送りしています。登録直後に、「ご登録ありがとうございます。特典をご希望の方は、『特典希望』と送ってください」と、自動返信のメッセージが送られて、お客さまから返信があったら、この後は完全に手動でやりとりしているのです。

一つひとつメッセージのやりとりをするのは、確かに手間がかかります。すべて自動化して効率的にしたい、と考える人も多くいます。しかし、できる限り手動でやりとりすることをおすすめしています。

なぜ手動でのやりとりが必要かというと、**お客さまの信頼を得るため**です。その上で、**お客さまに一番合った商品を提案するため**でもあります。

お客さまからの問い合わせは、自分の人柄をアピールできる最大のチャンスです。これは、「誰から買うか」が大事な今の時代において、とても重要なことです。「この人から買いたい」と思ってもらうためには、丁寧なやりとりを通じて、相手の信頼を得る必要があります。

また、登録してくれた方から直接お話を聞く、つまり「ヒアリング」をすることで、その方に合った物を提案できます。私は本当に商品が欲しいと思っている人に買ってもらいたいので、商品の押し売りはしません。有料のスクールに申し込みたいと問い合わせをいただいても、話を聞いて、この人には無料のYouTube動画のほうが合っていると思ったら、そちらをおすすめすることもあります。

ヒアリングは、**お客さまと商品のミスマッチを防ぐためにも必要なステップ**です。

ヒアリングの方法はこの後詳しくお伝えします。

お客さまにとってもメリットがある

ほかにも、LINE公式アカウントを使うメリットとして、メッセージが**お客さまにほぼ確実に届く**ということがあります。

私は以前、お客さまとのやりとりにメールフォームを使っていたのですが、PCからのメールが受信拒否の設定になっているお客さまがいて、メールが届かないことが何度もありました。そうなると、連絡を取る手段がなくなってしまいます。せっかくお客さまが興味を持ってくださったのに、こんなに申し訳ないことはありません。

ＬＩＮＥ公式アカウントを使えば、ブロックされない限り、こちらから送ったメッセージはかならず相手のＬＩＮＥアプリに届きます。

さらに、ＬＩＮＥ公式アカウントには、登録者にメッセージを一斉配信する機能があります。この機能で、**お客さまに役立つ情報を定期的に配信**できます。そうすると、お客さまは自分の都合が良い時間に情報を得ることができます。ＬＩＮＥは身近な連絡手段なので、気軽に見ることができると感じてくださるようです。

集客に使っているすべてのＳＮＳに、自分の公式ＬＩＮＥのＵＲＬを載せましょう。ただし、インスタグラムでは投稿の中にはＵＲＬを貼ることができず、プロフィールの1カ所にしか載せられません。ブログと公式ＬＩＮＥの両方のＵＲＬを載せたいときは工夫が必要です。

そこで、「ペライチ」「Ｌｉｎｋｔｒｅｅ（リンクツリー）」のような簡単なウェブページを作れるサービスを使って、**すべてのSNS、ブログ、公式LINEをまとめたページ**を作っておきましょう。このページのＵＲＬをインスタグラムのプロフィールに載せておけば、フォロワーの方が複数のＵＲＬに簡単にアクセスできます。

003

公式LINEに登録してくれた人に特典をプレゼントしよう

公式LINEに登録してもらうのは、かなりハードルが高いことです。ふらっと入ったお店で商品を買うかどうかも決めていないのに、いきなり公式LINEに登録してくださいと言われても、誰も登録はしないはずです。

最近は、お店で商品を持ってレジに行くと「今ここでLINEを登録すると、今日のお会計から○円引きになりますが、いかがですか？」と声をかけられることがあります。そう言われると、登録するという人も多いのではないでしょうか。

つまり、お客さまは自分にメリットがあるからこそ、登録という手間をかけてくれるのです。そこで、**公式LINEに登録して得られる特典**を準備しておきましょう。

ただし、準備した特典がお客さまにとってしっかりメリットになっているかどうか、という点には注意しましょう。自分のＳＮＳのフォロワーやブログの読者が**何を求めているかを見定めて、メリットを考える**ことが大切です。

たとえば、あるお店のファンでも、その製品が好きなのか、社長が好きなのかによってメリットは変わってくるはずです。そのお店の製品が好きなファンが、社長との食事会をプレゼントされてもうれしくありません。

お客さまがどんな情報やサービスを求めているか考えて、特典を作りましょう。

安易な無料・割引はＮＧ

特典というと、「割引」や「無料サービス」を考えてしまう人が少なくありません。しかし、実はこれ、取り扱いが難しいサービスなのです。良かれと思ってやっても、逆に悪い印象にもなりやすいので注意しましょう。

割引や無料サービスは、**高価な物や価値ある物が、無料になったり、割引になったりするからメリットに感じられる**ものです。道に転がっている石を「無料です！」と言っても、受け取る人はいません。つまり、商品の価値が伝わっていない段階で割引や無料を乱用すると、**商品の価値が低いと思われかねない**のです。「そこまで困ってるんだ」「無料じゃなきゃ誰も来ないんだ」「単純に売れていないから無料にしているんじゃない？」などと思われて、買ってもらえなくなってしまいます。

お得感を出そうとして、とんでもない割引率を出す人がたまにいます。しかし、これも注意が必要です。たとえば、元の値段が10万円の商品を3000円まで割引すると、「適当に値段をつけてない？」「そもそも10万円の価値もないのでは？」と思われて、お客さまからの信頼を失ってしまいます。

また、安さでお客さまを惹きつけていると、正規の値段がものすごく高く感じられてしまい、買ってもらえなくなってしまう危険性もあります。

起業の初心者が割引をすると、**単なるたたき売りになってしまいがち**なのです。

初心者におすすめなのは、SNSで公開していない情報を動画や資料でお渡ししたり、短時間のお試しサービスを提供したりする特典です。これは、有料の商品をそのまま無料にするのではありません。あくまでお試し用に、ほんの最初だけや、全体の大枠だけをプレゼントするのです。試してみてもっと知りたいと思ってくれた人は有料で申し込んでくれるので、たたき売りにはなりません。

私は、「失敗しない起業の始め方　5ステップ」という資料を、登録特典としてプレゼントしています。5ステップのタイトルだけは誰でも見えるように公開しているので、詳細を知りたいと思ってくださった方が公式LINEに登録してくれます。

特典は、**自分が集客に使っている媒体と同じ形**でプレゼントしましょう。

私は文章の資料だけではなく、動画もプレゼントしています。普段YouTubeでも発信しているので、文章より動画に馴染みがあるフォロワーも多いからです。

一方、インスタグラムやブログを中心に発信している場合、フォロワーは動画をあまり見ないタイプの人が多いかもしれません。そのため、動画をプレゼントするよりは、ブログと同じように文章でまとめた特典をお届けしたほうが、登録してもらいやすくなります。

登録特典を考える上でも、大切なのは信頼感です。むやみに無料プレゼントや割引特典で惹きつけようとすれば、お客さまからの信頼を失うことになります。お客さまにとって、何がメリットになるかをよく考えましょう。

004

目先の申し込みにとらわれず、商品に合ったお客さまを選ぼう

実際に問い合わせや申し込みが来るようになると、中には「あれ?」「ん?」と思うようなお客さまがいらっしゃることもあるかもしれません。**自分とは合わないと思う相手は勇気をもってお断りする**、というのが私の考え方です。

これまでもお伝えしてきたように、起業は人助けです。お互いの信頼関係がなければ、お客さまに喜んでいただける高いパフォーマンスを発揮できません。

そのため、LINEでのやりとり、言葉遣い、態度、入金の迅速さ、行動など、いろいろな側面を含めて、「この人を助けたい」と本気で思える、大好きなお客さまだけと関わると決める勇気が必要です。

目先の申し込みに執着して、しっくりこないお客さまを相手にしても、互いに良い

結果にはなりません。たとえ、すごく態度が悪かったり、明らかに悪い人だったりするわけではなくても、**なんとなく自分と合わないと感じたら、お断りするほうがいい**と思います。違和感を抱えたまま仕事をしても、ストレスをためたり、結果に結びつかなかったりすることになります。直感を大切にしましょう。

申し込みの後に「この人とはもう関わりたくないな」と思っても、ご入金いただいた後に、連絡を絶ったり、商品の提供をやめたりすることはできません。さらに、十分に力が発揮できず、結果が出なければ、ほかのお客さまからの信頼も失います。何度も失敗して評判が悪くなると、なかなか信頼を回復できません。

せっかくストレスフリーで働ける起業をしているのに、お金に目がくらんで自分に合わない人を相手に仕事をしていたら、本末転倒です。自分がそのお客さまに対して、**誠心誠意対応できるかどうか**で判断しましょう。

しっかりお断りしてミスマッチを防ぐ

また、お客さまの人柄や互いの相性の問題ではなく、提供する商品とお客さまが求めている物の間にミスマッチが起きていることもあります。特に、長期講座のような商品では注意が必要です。単発講座なら、違和感があれば次回からお断りしたらいいだけですが、長いお付き合いになる長期講座では、そうもいきません。

私は、**長期講座の前には、かならずお客さまと面談を行うようにしています**。お客さまが求める物と、こちらが提供する物の間にミスマッチが起きていないか確認して、トラブルを回避するのです。

ミスマッチが起きていた場合は、**誤魔化さずにきちんとお伝えします**。

たとえば、以前公式ＬＩＮＥから、「探しても良い求人がないので、こちらで何か仕事をしたいと思っています」とご相談をいただいたことがありました。

私が提供できるのは、あくまで起業のノウハウです。そのため、「申し訳ありませんが、お仕事のあっせんはできかねます」とお伝えしたら、「ああ、そうでしたか。失礼しました」と、きちんとわかってくださいました。

ほかにも、お問い合わせをいただいた方から、「この講座を受けたら、かならず稼げるようになるんですよね」と言われたことがあります。そのときには、私はこのようにメッセージを送りました。「起業は、ただ講座を受けただけで確実に給料がもらえるような働き方ではありません。そのような気持ちがあるようでしたら、今の段階ではお受けいただかないほうがいいと思います。再度お考えいただけますか」。その方は「もう一度考えてみます」とおっしゃり、真摯に受け止めてくださいました。

申し込みをお断りするときは、**激しい口調で断ったり、お客さまにおもねったりする必要はありません**。相手が誤解していることを、ただお伝えするだけです。

お客さまをお断りするというと、えらそうに感じる人もいるかもしれません。しかし、よく考えずになんでもお受けしているほうが、失礼にあたるのではないでしょうか。自分の商品を本当に欲しいと思っているお客さまだけに、購入してもらうようにしましょう。

周りの友達に売り込むのは絶対NG！

目先の売上にとらわれない、ということに関連するお話をもう1つ。起業を始めたばかりの人が陥りがちなのが、**周りの友達にまで売り込みを始めてしまうこと。これ**

は絶対にやめましょう。

理由は単純で、友達がいなくなるからです。逆の立場になって考えればわかると思います。友達から自分が欲しくない物を買ってと言われたら、義理で買ってあげるか、関わりたくなくなるか、のどちらかしかないと思いませんか?

もし友達が義理で買ってくれたら、少しだけ売上は上がるかもしれません。それでも、長い目で見れば良い結果にはなりません。**義理で買ってもらっても、その先がない**からです。リピートしてもらえることもなければ、口コミが広がることもありません。「こんな良い物を買ったよ」と口コミされるどころか、「あの人から無理やり買わされたよ」と噂になってしまうかもしれません。

いくら自分では良いと思う商品だとしても、あくまで「自分にとって」。友達がその商品を良いと思うかどうかは別問題です。

自分の商品が友達にも役立ちそうだと思っても、いきなり売り込むことはやめましょう。「起業したんだ」とか「こんなことをやってるんだ」と伝えるくらいでいいのではないでしょうか。その友達が興味を持って、もっと聞いてくれるなら、そのときに説明すればいいのです。

私は、友達には絶対に売り込まないことにしています。もし、友達が商品に興味を示してくれたとしても、私なら友達には無料で提供をします。いろいろな考えの人がいるとは思いますが、友達をビジネスのターゲットとして見るのは、私にとってはとても違和感があります。

ビジネスに必要なのは集客であって、友達へ売り込むことを集客とは言いません。ビジネスを成り立たせるために必要な集客数は、1000人くらいです。自分の友達を何人集めたとしても、1000人に届くことはないでしょう。

それなら、本書で紹介した集客方法で、**自分の商品を買いたいと心から思ってくれる人を集めたほうがいい**はずです。

友達に無理なお願いをして稼いだ10万円の売上より、自分の発信に共感してくれる、全然知らなかった人から得た1万円のほうが、価値が高いとさえ思います。そうして得た1万円は、先につながっていく1万円なのです。

005 普通のLINEと同じように、会話をしながら営業しよう

営業とは、お客さまの悩みを聞いた上で、**伝える、教えてあげる、解決してあげる**ことです。しかし、これを電話やメールを使ってやるのは、ハードルが高いと感じる人が多いと思います。

そこで、普通の主婦が営業をするなら、公式LINEを使って、会話形式で進めていくことをおすすめします。そうすれば、普段から使い慣れているLINEと同じように、気負わずに営業ができると思います。

会話形式の営業では、LINEを通じたやりとりの中で、お客さまが求めていることを聞き出します。そして、解決策を伝えて、商品のことを教えてあげて、悩みを解決していけばいいのです。

たとえば、1通のメールで相手の求める物を把握するのは難しいことです。何個も質問を用意したり、質問を枝分かれさせたりする必要が出てくるなど、かなり複雑なメールになってしまいます。

ただでさえ、メールを開いて、あいさつをして、とメールのやりとりはハードルが高いのです。質問がたくさん並んでいたら、答えるにもかなり時間がかかります。中には質問を飛ばしてしまう人も。そうなれば、再度メールして、また回答をもらって……とかなり時間がとられます。

ＬＩＮＥでのやりとりなら、**会話をしながら、お客さまのニーズを把握できます**。

「起業をお考えですか？」

「はい、起業について学んでみたいと思っています」

「ありがとうございます。すぐにでも学んでみたいとお考えですか？」

「そうですね。質問があるんですけど……」

このように、すでに商品に興味を持ってくださっているようでしたら、とてもスピーディーに営業ができます。お客さまの状況をヒアリングしていって、その人にぴったりの商品を提案するのです。

会話形式の営業は、お客さまにとってもメリットがあります。商品の内容について不安や疑問に感じることがあれば、その都度、気軽に質問ができるのです。**すぐに疑問を解消できるので、お客さまの安心感につながります。**

お客さまの状況を十分に把握しないまま商品を提案すると、的外れな営業になってしまいがちです。それでは、お互いのためになりません。会話形式のヒアリングができてこそ、自分にとってもお客さまにとっても、良い結果になるのです。

無駄話にならないように注意

いくら会話が大事だといっても、**ずっと世間話をしてしまうのは良くありません。**「それはそうでしょ」と思うかもしれませんが、実際には、世間話に終始してしまうというのはよくある失敗なのです。

はじめてお客さまから連絡が来ると、つい緊張して、何を聞いたらいいかわからなくなってしまいます。その挙句、世間話しかできず、商品の提案までつながらなかったという方を何人も見てきました。

また、信頼感を得るために距離を縮めなければと気負ってしまって、意味のない会話のキャッチボールを続けてしまう人もいました。「こんにちは。こちらは晴れていますが、そちらのお天気はどうですか？」というような具合です。

目的があって質問するならいいのですが、**商品に関連しないことは、わざわざ聞く必要はありません**。意味のない会話や世間話で時間を奪われてしまったら、お客さまも迷惑でしょう。

ＬＩＮＥを使うと、友達のように会話ができてしまいますが、あくまで相手はお客さま。**自分とお客さまの時間を奪わないように注意しましょう**。

006

問い合わせはリサーチのチャンス！お客さまの話を今後に活用しよう

公式ＬＩＮＥを通じて来た問い合わせの対応には、**自分の集客コンテンツの効果をリサーチする**という役割もあります。公式ＬＩＮＥに登録してくださったお客さまが、**どこから自分を知ったのか、どの投稿を見て興味を持ったのか**がわかれば、その情報を今後のお仕事に活用できます。

公式ＬＩＮＥに問い合わせのメッセージが来たら、**何を見て登録してくださったのかをはじめに質問します**。

これは、多くの企業やお店などでもやっていることです。美容院に行って最初にカルテを作るとき、「何を見てこのお店を知りましたか？」という項目がよくありませんか？　このように、お客さまが自分を知ってくださったきっかけを、かならずヒアリングするのです。

このようなことを聞くことで、**集客の方法のうち、どれが一番力を発揮しているかを確かめる**ことができるのです。

実は私は、以前フェイスブックも使っていました。しかし、公式ＬＩＮＥでヒアリングすると、フェイスブックから登録してくれる方がほとんどいなかったのです。そのため、フェイスブックはやめて、ほかのＳＮＳに集中することにしました。

集客のためにＳＮＳを更新するのには意外と労力を使います。そのため、あまり効果がないＳＮＳはやめて、効率を高めていくことが重要なのです。


さらに、何を見て興味を持ってもらえたのかを聞けば、**自分のお客さまがどんなことに興味を持っているのか**がわかります。そのような情報が集まれば、今後ＳＮＳに投稿する内容を考える際に、参考にして活かすことができます。

ただし、インスタグラムやブログでは、いくつかの投稿をまとめて読んだ上で、公式ＬＩＮＥに登録してくれる人がほとんどです。そのため、「どの記事を読みました？」と聞いても、多くの人は具体的に答えられません。

そこで私は、いつも「**どういった内容をご覧になってくださいましたか？**」と聞いています。そう聞くと、相手も「起業のこと」とか「子育てのこと」というように、ジャンルで答えられるのです。そのような回答をもらえれば、お客さまの知りたいことを調べるには十分です。その回答を参考にして、投稿する内容を考えます。

お客さまが求めている物を確認する

次に、**そのお客さまが何を求めているのか**をかならず聞きます。

しかし、問い合わせが来てすぐに「何をお求めですか？」などと聞いてしまうと、まるで申し込むことが前提のように聞こえてしまいます。そうなると、お客さまからは「別に何も求めていないけど……」と引かれてしまうかもしれません。

また、はじめから漠然とした質問をすると、お客さまが答えづらくなります。そのため、できるだけ**YES・NOで答えられるような質問**を用意しましょう。

私の場合は、単刀直入に「起業をお考えですか？」と聞くことにしています。お客さまが起業を考えていないのであれば、私に提供できるサービスはありません。

お客さまの求める物を確認しないままでは、いろいろとやりとりしても、お互いの時間の無駄になってしまいます。**最初はできるだけ単刀直入に、相手の求めている物を確認しましょう**。

たとえば、次のように聞いてみるのはいかがでしょうか。

・ハンドメイド作家なら……

「今回の作品が気になってお問い合わせくださったんですか？」

・ハンドメイドのスクール講師なら……

「ハンドメイド作品を自分用に作りたいとお考えですか？」

「作品の販売まで考えていますか？」

・英会話スクール講師なら……

「英語のスキルを上げたくて、登録してくださったんですか？」

たくさん質問することを躊躇する人もいますが、相手のためを思ってする質問であれば、嫌な気持ちになる人はあまりいません。お客さまとしっかりコミュニケーションを取って、ミスマッチを防ぎましょう。

007

「買いたいです!」と言われたら、すぐに返せるように用意しておこう

公式LINEを準備すると同時に、**申し込みが来たときのための定型文**を用意しておきましょう。私に申し込みが来るはずなんてないと、そういった物を一切用意せずに始めてしまう人が意外と多いのです。

商品を持っているのに、お客さまが「申し込みます」と連絡をくださったら、「少々お待ちください」ともたついてしまう……。これは、お客さまにも失礼にあたります。

特に、よく考えていなかったという人が多いのは、**入金方法**。口座振込にするか、クレジットカード払いにするか、オンライン決済サービスを使うかなど、**営業を始める前にきちんと準備してからスタートする**ようにしましょう。

お客さまからお申し込みをいただいたら、私は次のような内容をすぐに送ることができるように用意しています。

・講座名……講座の名前
・講座内容……講座の内容、期間、開催日など
・提供方法……動画／スクールなど。また個別の質問に対応するかどうかなど、どの部分が金額に含まれるのか、後々のトラブルにならないように明記
・料金……税込、税別なのかも明記
・入金方法……振込、クレジットカード払いなど
・入金期日……いつまでに入金してもらいたいか、入金がなかった場合はどうするか
・キャンセルポリシー……いつまでにならキャンセルを受け付けるか、その期日を過ぎてしまった場合の返金率など

商品が品物であれば、サイズや納期なども明記しておくといいと思います。
事前に定型文を準備しておいて、お客さまの申し込みに備えておきましょう。

営業でもっとも大切なのは、相手の話をしっかり聞く力

先ほども書いたように、営業ではお客さまへのヒアリングが必要です。ヒアリングで重要なのは、**こちらが話すことよりも、お客さまの話をしっかり聞くこと**です。

質問を重ねて、お客さまの求める物をつかんでいくこと。お客さまの求める物を聞かずに商品説明をしても、相手には響きません。むしろ、こちらから商品情報を伝えようとしなくてもいいくらいだと思っています。信頼関係ができてきたら、お客さまが自分に必要な商品だと思ったときに、商品について質問してくださるでしょう。そうなったときに、商品の詳細を説明するのが理想的な形です。

営業は言いくるめてなんぼではありません。徹底的に相手の話を聞いて、それに応えようとする姿勢が大切なのです。

また、**問い合わせをする人全員が買う気満々なわけではない**ということも、頭の中に入れておきましょう。

問い合わせがあったら、いきなり「どの商品にしますか?」「この講座をおすすめしています」などと返してしまう人がいます。これは、絶対にNGです。

公式LINEに登録して問い合わせた時点で、すでに申し込むと決めている方は、そんなに多くありません。いろいろな商品を見比べている中で、なんとなく登録してみた、という人がほとんど。言ってみれば、ウィンドウショッピングのようなつもりで登録をしている人が多いのです。

たとえるなら、家電の買い物をするときに近いでしょうか。「洗濯機をそろそろ買い替えようかな?」と思っている人の多くは、お店に行ったりインターネットで調べたりして、**まずはどんな商品があるか見てみる**のではないでしょうか? 洗濯機は高額な買い物ですから、なんとなく良さそうな物を買ってしまうのではなく、まずはお店の人に相談してみたいという人も多いはずです。

そこで「じゃあこれにします? それともこれ?」といきなり商品を提案してくる

店員さんはいません。家族構成や、ライフスタイル、乾燥機を使うかどうかなどをヒアリングした上で、いくつかの商品をおすすめしてくれるはずです。

公式LINEに登録した方も、**どんな商品があるかを見に来ているだけ**、という段階がほとんどなのです。様子を見るためにとりあえず登録してみた方や、説明を聞きに来た方なのだろうと認識しておきましょう。

お話を聞いてみて、「どんな感じなのかな？　と思って登録してみました」とか、「なんとなく登録してみようかと思って」という感じの方でしたら、無理して商品を売り込むことはありません。

「そうでしたか。では、こちらの公式LINEやブログ、YouTubeで起業の情報を引き続きアップしていきますので、お時間あるときにご覧ください。何か質問などございましたら、こちらからいつでもどうぞ」などと伝えておきましょう。

無理やり商品を買わされることがなく、いつでも相談していいと言われれば、お客さまも安心できるはずです。

「興味はあるけれど、今すぐというほどではない」という方がいらっしゃると、「少し押せば申し込みにつながるかも」と考えて、どんどん商品説明を始めてしまう人もいます。しかし、これもあまりおすすめしません。

以前、それで失敗してしまった人のお話を聞きました。「いつかやってみたいと思っているけれど、今すぐにとは思ってないんです」と言われたにもかかわらず、「この人は、きっと本心では変わりたいと思っているはずだ。ここは私が助けてあげなきゃ」と思い込んでしまったそうです。それで、はじめからガンガン営業してしまって、すっかり引かれてしまったといいます。

誰もが、今すぐお金を出して変わりたいと思っているわけではないのです。このことを心に留めて、**しつこくしすぎない、押しすぎない、売り込みすぎない**ことを心がけましょう。

はじめの問い合わせの対応に安心感があると、後から申し込みにつながることもあります。お客さまの状況が変わったときや、必要になったときに、再度連絡をくれることもよくあるのです。申し込みは人によってタイミングがありますので、焦らないようにしましょう。

問い合わせで一番多いのは、明確にやりたいことがあったり、申し込みたい商品があったりするのではなく、**何をどうしたらいいのかわからないけれど、変わりたい、困っているという方**です。こういう方は、自己紹介からメッセージのやりとりが始まることが多くあります。

「今2人の子どもを育てているシングルマザーです。自宅で子どもを育てながら何か仕事ができないかなと思ったときに、小桧山さんのブログを見つけました。こんな私でも何かできますか？」

このような場合も、相手の状況をよくヒアリングすることが大切です。自分の商品でその人の悩みを解決できると思えば、商品を提案します。

少しずつヒアリング力をつけていく

営業には聞く力、「ヒアリング力」が大切だと聞くと、そんなに自信がないという方がいらっしゃいます。

しかし、「価値を伝える力」と同様に、**ヒアリング力も持って生まれた才能ではない**と私は思います。数をこなして、力をつけていくしかありません。

私自身も、最初はうまく聞き取りができなかったり、何を聞いたらいいのかわからなかったりしたときもありました。先ほど失敗例として挙げたように、普通の会話をしてしまったことも……。

しかし、あまり会話が得意ではない私でも、経験を積むうちに、だんだんとヒアリングができるようになってきました。この訓練は、お客さまとのやりとりだけでなく、日々の会話の中でもできます。家族との日常会話でも、相手の話をじっくり聞くことを意識してみてはいかがでしょうか。

営業のコツは、とにかく相手の立場に立ち、商品を必要としている人だけに提供することです。この2つがきちんとできていれば、そこまで大失敗をすることはありません。営業力は日々、磨かれていくものだと思って、取り組んでみましょう。

Chapter 6

成功する習慣&失敗する習慣

001

成功する人

聞いた話を素直に受け入れる

今までたくさんの起業家たちに出会ってきてわかったのは、**成功する人、失敗する人にはある程度共通する習慣がある**ということです。この章では、その習慣を挙げていきます。

ただし、成功する人の習慣に現時点で当てはまっていないから、起業がうまくいかないとか、失敗するというわけではありません。どの項目も、これから意識をしていけば、改善できることです。こんなところに気をつけていくといいんだな、という気持ちで読んでみてくださいね。

まず、成功する人の習慣の1つ目は、**聞いた話を素直に受け入れること**です。

私自身、人から言われた話を素直に受け入れてきたおかげで、起業を成功させられたのだと思います。

私は元々いろいろなことを真に受けてしまう性格で、言われたことは全部本当のことだと思ってしまいます。以前、とある方に起業について相談しに行って、「月に200万円稼ぎたいんです」と話しました。すると、「小桧山さんだったら200万円くらい簡単に稼げますよ」と言われたのです。

素直に受け入れられない人だったら、「そんなこと言っても、私には無理」と思ってしまうかもしれません。しかし、私は「**うまくいっている人が言うなら、そうに違いない。私も200万円稼げるんだ!**」と思ったのです。

ここで、その人の言うことを信じないで、「私が月200万円稼ぐなんて無理」と思ってしまったら、一歩を踏み出すことはできなかったでしょう。

もちろん、「すぐに稼げるようになる」などの甘い言葉や怪しい話には、慎重になったほうがいいと思います。しかし、**自分が信頼できると思った人が言うことは、素直になって聞くようにしましょう**。

私が「集客にはSNSを使います」と言うと、「機械オンチだからできない」とか

「一度もやったことがないので無理です」と返してくる方がいらっしゃいます。

私も起業を始めたばかりの頃から、ＳＮＳを使いこなしていたわけではありません。それでも、実際に起業に成功している人が、「ＳＮＳを使うと効果的な集客ができる」と言っていたので、**「だったらやるしかないな」と素直に受け入れました。**

そして、自信がなかったからこそ、言われたことを素直に頑張ることができたのです。「インスタにはまず10枚、写真を投稿してみましょう」と言われたら、「この人が10枚で成功したなら、私が1枚でいいわけがないよな。じゃあ、大変そうだけどやってみよう」と思っていました。


人は変わりたくない生き物ですから、今まで自分がやってこなかったことを提案されると、どうしてもやらない言い訳を考えてしまいがちです。

しかし、起業という、今まで自分が体験したことのないフィールドで挑戦するのです。それなら、自分の「今まで通り」ではなく、成功している人の声に耳を傾けてみるほうが、きっと成功が近づくでしょう。

002

成功する人

今までの固定観念を捨てられる

多くの人は、自分の価値観や経験から物事を判断しています。これはおかしなことではありません。今まで失敗したことや、うまくいかなかったことから学んで、人は成長していくのですから、当然といえば当然のことです。

しかし、それが固定観念となってしまうと、起業を進めていく上では考えものです。起業に成功する人を見ていると、**固定観念に縛られず、自分がそのとき必要だと思ったことを受け入れ、行動につなげている人**が多いと思います。

今まで当たり前だと考えてきたことを捨てるのは、怖いと感じる人もいるかもしれません。しかし、あなたは自分の考え通りに判断して行動してきた結果、今の人生に満足できていない、そして、何かを変えたいと思ってこの本を手に取ったはず。今まで同じ価値観で判断し、いつもと同じことをやってしまったら、今の自分から1ミリも変われないのです。それならば、固定観念を一旦捨てて、起業という新たなことに挑戦してみてはいかがでしょうか？

また、自分の経験に基づくのでさえなく、「一般的にそういうものだから」というような、社会的な固定観念もあります。もしかすると、こちらのほうが人の思考の中を多く占めているかもしれません。

たとえば、「起業は難しい」「正社員として雇われて働く生き方のほうが安全」「親は子どものために我慢するもの」「挑戦するなら若いほうがいい」など……。挙げていけばきりがありません。こと日本人は、このような保守的な考えを大事にしている人が多い気がします。

このような考えは、誰が言い出したのかも、誰が考えていることなのかもわかりません。今のような変化の多い時代には、当てはまらないことも増えてきています。

誰が何と言おうと、自分の人生を変えたいなら自分で考えて行動するしかありません。今までの固定観念は捨てて、一歩を踏み出してみましょう。

003

成功する人

新しく知ったことを行動に移せる

何かを知っていることと、それを実際にやっていることの間には、大きな差があります。誰かに「これ知ってる?」と聞かれたときに、「知ってるよ」と答える人と「やってるよ」と答える人では、成功への距離はまったく違うのです。

さらに言えば、この本を読んで起業についての知識を得たとしても、実際に行動しなければ、起業のことを何も知らない人と変わりはありません。

起業に成功している人の多くは、**新しく知ったことを行動に移している**のです。

とはいえ、なかなか行動に移すのが難しい、という人も多いでしょう。そんなとき、私は**主婦のドケチ魂を利用して奮起しています**。

たとえばこの本を、お金を出して買って、時間をかけて読んで、起業についてたくさんの知識を得ることができました。それなのに、**行動に移さなければ、お金も時間も無駄になってしまうのです**。行動しないなら、この本を読む必要もなかったでしょう。それだったら、そのお金と時間を使っておいしいランチに行ったほうが、よっぽど有意義だったのではないかとさえ思います。

それでも、あなたはランチに行くのではなく、この本を買って読みました。それならば、やはりどこかに、現状を変えたいという気持ちがあったはずです。その気持ちに従って、本を買うという第一歩を踏み出したのだから、**行動を続けないのはもったいない**と私は思います。

それでも動き出すのが怖いなら、**あなたの近くにいる人が、あなたよりも先に動いて成功したところを想像してみてください**。

もし、今この本をママ友に紹介したら、そのママ友は起業の知識を得て、実際にやってみるかもしれません。すると、その人自身や周りの状況は、どんどん変わっていくでしょう。

そうなったら、とても悔しくないですか？　私もあのとき行動していたら、変わっていたのに……。性格にもよるかもしれませんが、私ならそう思うはずです。私はそんな悔しい思いはしたくありません。だからこそ、その気持ちを利用して、すぐ行動するようにしています。

私のスクールの生徒さんを見ていても、**主婦の方がたくさん成果を出しているのは、良い意味でドケチ魂を持っているから**ではないかと思います。「せっかくお金を払っているんだから」と考えると、スクールの講義のときも前のめりになります。積極的に質問して自分の物にして、しっかり元を取ろうと意欲を燃やしています。

さらに、たとえばシングルマザーの方で、「自分がお金を稼がないと、子どもたちの将来の選択肢が減ってしまう」「ほかの誰にも頼れない」などと、切迫した事情を抱えている人もいます。**切迫感がある方は、急成長する確率が高くなります**。

「行動力」などというと、大変なことのように思うかもしれませんが、このように自分の性格や状況を利用して、行動につなげることもできるのです。

004

成功する人

先送りしないで即決断できる

起業で成功する人は、「即決断」「即行動」が身についています。

多くの人は、何かを決断するときは、じっくり考えようとしてしまいがちです。たとえば、物を買うときでも、何かを習うときでもそうです。さらに、起業のように、それまでの生き方とは大きく違うことを決断しようとするときは、いつも以上にゆっくり時間をかけて検討しようとします。

しかし、考えれば考えるほど、良い選択肢が増えたり、状況が好転したりするかというと、そうとも限りません。「やっぱり、やらなくていいや」と元の状態に流されてしまうこともあります。

もし、1週間考えようと思ったとしても、1週間の全部の時間にそのことを考えているわけではないはずです。実際に考えている時間は、せいぜい最後の2日間に30分くらいずつ。1週間考えると言いながら、合計して60分くらいのものです。

しかも、それだけ考えたとしても、結局はやるかやらないかの二択。**1秒で決断しても、1週間かけても、選択肢が増えるわけではない**のです。

さらに、決断を保留にして、1カ月後に決断したら、即決断して即行動した人と比べて1カ月分、行動量が少なくなることになります。

たとえば、今からダイエットをすると決めて即行動した人なら、1カ月後には1カ月分のダイエットの成果が出て、体つきが変化してきているでしょう。起業を今すぐ決断してSNSの発信を続ければ、1カ月後には100人くらいフォロワーが増えているかもしれません。

長い人生で見れば、大した差ではないと思うかもしれません。しかし、すべてにおいて即決断、即行動する人と、常に1カ月考えてから行動する人では、**一生のうちで得る物は大きく変わってくるのではないか**、と私は思います。

私も即決断、即実行を心がけてきました。ただ、今思い返してみると、それは成功したいからというよりも、**自分の忘れっぽさをカバーするため**でした。

私は、とても忘れやすいところがあります。３秒くらい前に話したことを忘れてしまったり、誰かにメッセージを送ろうとしてＬＩＮＥを開いたのに、誰に送ろうとしたかを忘れてしまったりすることもよくあります。

何かを学んでしっかりメモを取ったとしても、メモしたことを忘れてしまったり、メモを読み返しても理解できなかったり。そんなことが度々あって、せっかく学んだのにもったいない（ここでもドケチ魂全開です）と、学んだことをすぐに行動に移すようにしたのです。


知識として頭に入れたことを、実際に行動に移してみると、脳への定着も良くなります。また、自分が理解できていなかった部分に気づくこともあります。だからこそ、何かを学んだとき、やってみようと思ったときには、忘れないうちに即決断、即行動を心がけてきたのです。

即行動の習慣がつくと、人生にとってプラスしかありません。人生を変えようと起業するのであれば、身につけておきたい習慣の１つです。

005

成功する人

周りの目を気にしない

成功する人の習慣として、**良い意味で周りの目を気にしない**という点があります。

たとえば、SNSで自分の思いや価値観を発信するときに、最初は不安な気持ちになることもあるかもしれません。「自分がこんなことを書いて何かの役に立つのかな？」とか「誰が見るのかな？」とか「これを見て変だなって思われるかも」「自分より成功している人にバカにされるかも」など……。

しかし、成功したいのであれば、ある意味開き直って、**周りの目を気にせずに発信していくべき**だと私は思います。

そもそもSNSの発信は、何万人というフォロワーを獲得するためにやっているのではなく、あなたと同じ価値観の人に見つけてもらうためにするものです。あなたと違う価値観の人が、あなたの発信を見て違和感を覚えても、まったく気にすることはありません。万人受けするように広く浅く発信するのではなく、一点集中で深く発信することのほうが、起業においては大切なのです。

ＳＮＳで発信したことは、かならず誰かの役に立ちます。ただし、日記のような発信なら話は別です。集客のノウハウにのっとって、内容を考える必要はあります。「誰かの役に立ちたい」という思いで、今までの自分の経験や考えを書いた発信ならば、きっと誰かの心に響くのです。過去のあなたにとって希望に感じられるような内容ならば、過去の自分と同じような境遇の人にも希望の光となるはずです。

したがって、**自分が書きたいと思ったこと、伝えたいと思ったことを、遠慮せずに発信していきましょう**。

「自分より成功している人にバカにされるかも……」と心配する必要もありません。繰り返しになりますが、ＳＮＳの発信は、あなたと同じ価値観の人に届けばいいだけ。もしも誰かにバカにされたとしても、その人に会うわけでもないし、直接文句を言われるわけでもありません。そして、そんなにすごい人なら、多分相手はあなたのことを知りません（笑）。

私も、最初は「こんな記事を書いて誰が読むのかな」とか「こんなこと書いて恥ずかしい」などと思っていました。しかし、あるときふと気づいたのです。**「私が周りの目を気にしても、周りの誰かが私を稼がせてくれるわけでもないし、知らない人のために遠慮して書かなかったら、人生は何も変わらない！」**と。

とはいえ、私も最初から振り切れたわけではありませんでした。書いてしまってから反応にドキドキするか、周りの目を気にして書かないままイライラするか。この二択だったら、書くほうがいいと思って、発信を続けてきたのです。そうしているうちに、私の発信を楽しみにしてくれている人が現れて、徐々に自信がついていきました。

最初の一歩さえ踏み出せば、かならず自分の発信に自信が持てるようになるはずです。まずは一記事、一投稿の勇気を出してみましょう。

006

成功する人

相手のことを考えられる

起業をして成功をするのは、才能がある人や能力がある人などというより、結局のところ、**相手のことを考えられる人**だと、私は思っています。

今まで何人も、起業で成功した人に会ってきました。そのような方々は、いかにも頭が切れるとか、凄腕というような印象以上に、相手を思いやり、周りを気遣うような人が多いのです。

ビジネスとは、相手ありきのものです。商品を買ってくれる人がいなければ成り立ちません。お客さまを神様のようにあがめる必要はありませんが、**やはり相手の立場を考えてビジネスをする人は、お客さまから信頼されて、成功しやすい**のです。

営業の章でもお伝えしたように、起業とは人助けです。自分の利益ばかりを考えていては、成功はありません。営業では相手の話をしっかり聞き、何を求めているのかを知ることが大切だと書きました。これは、ビジネスにおいて、どんな場面でも大事なことなのです。

起業して失敗する人たちを見ていると、自分の視点の中に、もう少し相手のことを思う気持ちがあれば、違った行動になるのではないかと思うことがあります。

たとえば、公式ＬＩＮＥを使ってお客さまにヒアリングをするとき、時間や相手の状況をまったく考えずに、「なるべく早く回答をしてほしいです」と伝えてしまう人。相手の話を聞かずに、自分の話したいことを延々と話す人。これでは、信頼を得ることはできません。

質問している相手は今どんな状況か？　この時間にどんなことをしているか？　この回答の裏側にはどんな思いが隠れているか？　そうやって、常に相手のことを考えなければいけません。

相手のことを考えられる能力とは、持って生まれたものではありません。**訓練を積**

んで、徐々に育っていく力です。

私も、最初から完璧にできたわけではありません。起業して仕事を続けて訓練をしていくうちに、だんだんと相手のことを考えられるようになってきました。

相手のことを考えられる人が成功するという意味でも、ママは起業で成功しやすいと私は思っています。**ママたちはいつも、子どもの表情や態度からいろいろな情報を読み取っている**からです。

子どもに対して「何かおかしいな」と思ったら、その数時間後に発熱するなんてことはありませんか？　ママは、人のちょっとした表情や言葉の違いからたくさんの情報を読み解く力を、子育ての中で育んでいるのです。

この成功法則は、起業だけでなく、人生全般において言えることだと思っています。**相手の立場に立って行動できる人は、どんな分野でも成功しやすい**のです。相手のことを考えられるように、意識して習慣づけていきましょう。

007

失敗する人
いつも通りにSNSを投稿してしまう

集客でSNSを使うと聞いて、「普段からインスタやブログに投稿しているから、いつも通りにやってみよう」といきなり投稿し始めてしまう人がいます。こういう方は、残念ながら失敗してしまいがちです。

ノウハウを学ばないまま、いつも自分がやっているように投稿していくと、どんなことが起きるかというと……**何も起こらないのです**。読者も増えない、反応もない、もちろん申し込みにもつながりません。プライベートの投稿と、SNSでファンをつくる方法は、そもそもまったく違うからです。

このようなことを続けていると、**見当違いの方向を向いて努力を続けてしまいます**。「もっとおしゃれな写真を撮りに行かないとダメなのか……」と、おしゃれなホテルのラウンジやカフェに行って写真を撮る。ここまでしても、努力の方向性が違うので、結局フォロワーは増えません。

投稿するときも「これでいいのかな？」と迷いがあるので、書いては消し、書いては消しの繰り返しになって、時間がかかります。また、やみくもに自分のフォロワーを増やして「やったー、１０００人になった！」と喜んでも、商品を買ってくれるような濃いフォロワーでなければ意味がありません。

このようにいくら頑張っても、まったく結果につながらないので、疲れてしまって途中でやめてしまうのです。

つまり、**知識を得ないままでは、いくら努力しても実を結びません**。

この本を読んでくださった方なら、インスタグラムに投稿する写真は身近な物でいいということも、そのまま投稿するのではなく加工をすればいいということも、わかっていただけたと思います。ノウハウを知ってから努力をすれば、最短で成果が上がっていくので、やる気も続きます。

行動を起こすときには、やみくもにやってみるのではいけません。まず**知識を身につけた上で、正しい努力をしていく**のが大切です。

008

失敗する人
目標収入に届かない商品にこだわる

「好きなことを仕事にする」というのは、仕事＝趣味になるわけで、とても素晴らしいことだと思います。しかし、こういう人は、**目標収入に届かないのに、特定の商品にこだわってしまう**という状態に陥りがちです。

私の元には、ハンドメイドで起業をしたいと決めている方もたくさん相談にいらっしゃいます。もちろん、ハンドメイドがやりたいことであれば、それで起業することは悪いことではありません。しかし、ハンドメイド作家として稼ぐのは、なかなか難しいことなのです。

いくらくらい稼ぎたいという目標があるなら、特定の商品に執着していると失敗しやすくなります。**目標金額に届くように、柔軟に商品を模索してみましょう。**

選択肢は2つあります。**ハンドメイド以外の物で起業をするか、ハンドメイドとほかの商品を組み合わせて起業をするか**です。

前者であれば、ほかの仕事が軌道に乗ってから、ハンドメイド作家として活動を始めればいいのです。後者であれば、ハンドメイド作品の売上がそこまで高くなくても、ほかの商品の売上でカバーすることができます。

ほかの商品として、ハンドメイド教室を開くのも1つの手です。作品の作り方を教えるだけでなく、ハンドメイド作家になる方法を教えるレッスンも需要があります。

「好きなことをして成功したい」という強い思いを持つのは、良いことだとは思います。しかし、「どうしてもこの商品だけで成功したい」というこだわりがあると、成功するまでに遠回りになってしまうこともあります。

人によっては、知識がない状態で自分ができることを探して、そこから決めた商品に固執してしまう、というケースもあります。今の自分にできることだけにこだわるのではなく、**目標金額や先のことにも目を向けて、柔軟に商品を考えましょう**。

009

失敗する人

人に学ぼうとしない

失敗しがちな人は、うまくいかないときにも、**自分のやり方を見直そうとしない**傾向があります。自分のせいではなく、周りが悪いと考えてしまうのです。

今まで経験がなかったことを、自己流でやろうとしてもとても難しいでしょう。成功する人は、常に人から学び、自分をアップデートしているのです。

人から学ぶ、というと難しいことのように思うかもしれません。しかし、**やったことがないことを自己流でやることのほうが、よっぽど無謀**なことです。

たとえば、スカイダイビングを自己流でやる人はいるでしょうか？　命にかかわることであれば、それがおかしいとすぐ気づきます。それなのに、起業においてはなぜか、そのように考えられない人も多いのです。

もし、やり方を一切学ばないまま、LINE公式アカウントを使って営業したとしても、成果を出すのは難しいでしょう。ノウハウがなければ、お客さまへ十分にヒアリングできず、突然商品説明を始めてしまうかもしれません。そうなると、お客さまの信頼は得られず、申し込みにもつながりません。このようなことが続いて結果が出ないままでは、やる気もなくなっていきます。

ここから先にどうするかは、2つのタイプの人がいます。

自分に自信があるタイプの人は、**結果が出ないことを人のせいにして、意地でも同じ方法を続けてしまいがち**です。以前、私のところに相談にいらっしゃった方にも、難しい方法でのインスタグラム投稿にこだわっている人がいました。

「そのやり方では、集客は難しいのではないですか?」と伝えても、その人は「これで結果を出している人もいるので」の一点張り。やり方を曲げないので、なかなか結果につながりません。

誰かの方法を学ぶなら、総合的にやり方を真似ないと意味がありません。その方法で結果を出している人は、インスタグラム以外でも集客をしている可能性もあります。

自分のやり方を見直さなければ、せっかくの努力が無駄になってしまいます。

また、元々自信がない人は、人から学ぶことも誰かに相談することもなく始めてしまうと、**うまくいかずにさらに自信をなくしてしまいます**。そうなると、「やっぱり私にはできないんだ」と起業をやめてしまうのです。せっかく起業の一歩を踏み出したのに、元の生活に戻ってしまったら、とてももったいないことです。

自己流で失敗してから、成功している人のノウハウを聞くくらいなら、最初から人に学び、やり方を吸収して、やってみるほうが効率的です。どうしても自己流にこだわりがあるなら、人から学んだ方法で軌道に乗ってきてから、自分に合うようにカスタマイズしていけばいいのです。

会社で働くときも、まずは先輩から学ぶというステップがあるはず。慣れてきたら、自分の方法を生み出していけばいいのです。**自己流にこだわらず、人から学べるところは学び、吸収していきましょう**。

010

失敗する人

やる前から諦める

起業に失敗する人は、「やる前から諦めてしまう人」です。「私もそうだ」と思う人もいるかもしれません。それも、当たり前のこと。なぜなら、**世の中の大半の人は、「やる前から諦めてしまう人」なのです**。

したがって、正確に言うと、失敗する人は「やる前から諦めてしまって、そこで終わりの人」。**成功する人は「やる前から諦めそうになってしまうけれど、なんとかやってみる人」なのです**。

私も、「やる前から諦めてしまう」人でした。自分には何の経験もないし、知識もないから、できるわけがないと思ってしまったのです。しかし、「そこで立ち止まったら絶対に後悔する。このままの人生でいいわけがない！」と思い、なんとか行動を始めたのです。そこから、人生が変わっていきました。

世の中には、「起業をしてみようかな」「もっとお金が稼げたらいいな」と思っている人はたくさんいます。しかし、大半の人が何もやらずに諦めてしまいます。

だからこそ、**やってみるだけでも、大半のやらない人より、成功する確率はぐっと上がる**のです。

以前、私の公式ＬＩＮＥに、こんなメッセージをいただきました。

「私も起業をやってみたいんですけど、自分の貯金がたっぷりあるわけでもないし、子育てをしているから時間も限られています。どうしたらいいですか？」

このメッセージを読んで、「過去の私とまったく同じだな」と思いました。

私自身、起業前は、貯金や時間が有り余っているわけもなく、子どもたちのお菓子すら買ってあげられないことがありました。１袋１００円のお菓子を買うのにも躊躇して、お菓子を手作りしたことも。もちろん、それが楽しければいいのですが、私はそんな自分が嫌で、その状況が嫌で、たまらなかったのです。そうして、起業という一歩を踏み出しました。

その方も、お金がない状況で、満足する生活が送れているのであればいいと思います。しかし、私にメッセージを送ってきた時点で、今の生活には満足していないのは明らかでした。不満がある、変わりたい。きっとそのような思いがどこかにあって、私にメッセージを送るという行動を起こしたと思うのです。

変わりたいなら、諦めずに進むしかないと私は思います。

お金がない、子どもがいる、若くないなど、言い訳ならいくらでもできます。それでも行動していくことでしか、人生は変わらないのです。

Chapter 7

起業したらこんなに人生が変わった！

001

いつもの買い物で、値段を気にせず好きな物を選べるようになった

起業によって、私の生活は大きく変わりました。この章では、今現在の私の暮らしについて書いていきます。これは、自慢するためとか、「私はこんなにすごいんだ」とアピールするためではありません。

起業は、いつもうまくいくことばかりではないし、成果が出なくて心がくじけそうになることもあります。そんなときに、この章を読んで「**頑張れば、私もこんな生活が送れるんだ**」とモチベーションアップに役立ててもらいたいのです。

起業をしてから、パート主婦時代には考えられないくらい、十分なお金を稼げるようになりました。そのおかげで、**好きな物を好きなだけ買えるようになった**のです。

起業前は、ファストファッションのお店に行ってセール商品を見つけると、「安い

から買わないと！」と、本当は欲しくなくても妥協して買うことがよくありました。家に帰って着てみたら、なんか自分に合っていない、なんかださい、自分が持っている服に合わせづらい……。結局、一度も着ないでクローゼットの奥に眠っている状態。安く買ったつもりでも、もったいない買い物をしていました。

近頃は、**ブランド物の服を買う機会が増えました**。

私自身は、ブランド物が大好きというわけではありませんが、YouTubeの動画を撮るときにはブランド物の服を着ています。動画を見たスクールの生徒さんが、「私もそういう服を着られるように頑張ります」と言ってくれるのです。生徒さんのモチベーションアップのためにも、良い服を買って着るようになりました。

自分の誕生日にも、ルイ・ヴィトンで洋服を買いました。すると、**合計金額が100万円**に。起業前は、自分への誕生日プレゼントといえば決まって30円のお菓子だったので、とても感慨深い思いがしました。

ハイブランドの買い物は、私自身の**モチベーションアップにもなります**。こういう服が簡単に買えるような自分でいよう、もっと頑張ろうと思えるのです。

002

節約して備えなくても、大きな買い物に困らなくなった

起業後の生活の変化で一番驚いたのは、**我慢して節約をしなくなったのに、お金を使わなくなった**こと。本当に自分が欲しいと思った物、お金を使いたいと思ったことに使えるようになったからだと思っています。

収入が増えたので、**たまに大きな出費があっても困らなくなり**、先日は1000万円の買い物を即決しました。現在私が暮らしているマレーシアは、事故が多い国です。すぐ近くで大きな事故を見て、頑丈な車の購入を決意しました。ボルボという車は世界一頑丈で安全だと聞いて、迷わず1000万円のボルボを購入しました。

起業によって、**「節約」という概念が消えて、自分にとって必要な物なら買う、という価値観に変わった**のです。家族で外食に行ったときも、夫や子どもたちに、好き

なだけ食べたい物を食べてもらうことができるようになりました。

また、マレーシアで日本の食材を手に入れようとすると、どうしても割高になります。それでも、日本の味が恋しくなったときには躊躇せず買っています。以前のように、安い物を探してお店をまわるようなことはなくなりました。大切なことに時間を割けるようになり、生活がより豊かになったと思います。

今私たち家族が住んでいるタワーマンションは、プールやバトミントンコート、ジムやパーティールーム、公園やＢＢＱスペースなどがついていて、24時間の警備体制が敷かれています。この家に暮らすことにしたのも、節約を考えるのではなく、**どんなところに住むと毎日が幸せに感じるか、という基準で選んだ結果**です。

節約を第一に考えて行動すると、どうしても生活の質が落ちます。家の場合、ボロボロだった、利便性が悪い、虫が出るなど……。生活していてもイライラしますし、満足度が落ちます。結局は再度引っ越すことになって、引っ越し代がかかってしまうことも。節約を第一に考えず、欲しい物を選べば、結果としてお金が安く済むことあるのだということも実感しています。

003

夫が家事をやってくれるようになった

専業主婦やパート主婦時代は、家事は自分の仕事だという意識がありました。私は稼いでいるわけでもないし、これくらいはやらないと、と。しかし、今振り返ると、子育て、家事、パートの仕事で、常に時間に追われてイライラが募る毎日でした。

それが、起業をしてから、**家事は夫と半々ずつという形になっていきました**。

私の起業が軌道に乗ってきてから、夫にサラリーマン卒業をプレゼントしました。今は、夫には私の事業の手伝いをしてもらっています。料理も掃除も、夫がする日もあれば、私がする日もあります。

特に、私からそのように頼んだというわけではありません。自然とこの形に落ち着いていきました。夫としても、私が頑張っている姿を間近で見てきて、結果も出ているので、**応援したい気持ちがわいてきたのかもしれません**。

また、忙しかったり疲れたりしたときは、**家事を外注するという選択肢も増えました**。おかげで、今では家事にイライラすることはほとんどありません。

とある起業をしているシングルマザーの方は、家事を完全に外注しているそうです。2人家族なので、週3日お願いすれば掃除も洗濯も完全にまわるとのこと。その方は、家事を外注して仕事に全力を投入することで、仕事の収入を上げ、空いている時間はお子さんと過ごすことを大切にしているそうです。

家事を自分でやりたいときはやるし、やりたくなければ、夫に頼んだり外注したりできます。**収入が増えるということは、選択肢が増えるということ**なんだと、つくづく感じています。

004

海外旅行に気軽に行けるようになった

私は元々海外への興味が強く、時間やお金があれば海外旅行に行きたいとよく思っていました。しかし、子どもが生まれてからは夢のまた夢。日々の生活で精一杯なのに、海外に行くお金なんてとても捻出できないと諦めていました。

それが今では海外に暮らしています。さらに、**海外旅行は、近くのスーパーに行くのと同じくらい、簡単で身近なことになりました**。

旅行について思い出深いのは、起業仲間やスクールの生徒さんと一緒に行った、グアム旅行のこと。

私の1冊目の本を出版した後に、ふとグアムに行くことを思いつきました。私は、後回しにすると「やっぱりいいや」とやめてしまいやすい性格です。そのため、**思い**

立ったら即行動で、翌週に行こうと決めたのです。

ひとりで行くのは寂しいので、スクールの生徒さんや、周りの起業をしている人に「来週グアムに行きたいと思ってるんだけど、一緒にどう？」と声をかけてみました。

そうすると、「来週？　行きます！」とか「チケットすぐ取りますね！」というような反応ばかり。みんなはじめは驚くけれど、「行く行く！」と乗り気で、あっという間にメンバーが集まったのです。

近場にご飯を食べに行くくらいの感覚で、海外旅行にも行けるし、それを一緒に楽しんでくれる人が近くにいることを、とてもうれしく感じました。**自分ひとりが成功しても、それは本当の成功とは言えません。**自分も成功し、生徒さんも成功する。こんなふうに気軽に海外旅行に行けるくらいに成功してくれることが、私にとっての本当の成功です。

以前は、海外旅行といっても近場しか考えられませんでした。今では、時間も自分で調整できるようになったので、ヨーロッパでさえ気軽に行けます。**自分の世界がどんどん広がっている**と感じています。

005

一緒に成長できる人が周りに集まるようになった

起業によって、**自分の周りにいる人も大きく変わりました**。

起業する前まで、自分の周りにいたのは、関心の矢印が過去に向いた人たちでした。「若い頃は良かったな」が口癖で、現状に対しては愚痴や不満ばかり。その現状を変えようともしていない人が多かったのです。私も、何の疑問もなくその中にいて、一緒になって愚痴や不満を言っていたし、過去のことをよく考えていました。

また、「未来は子どもに託すもの」という感覚があったので、「大人になったんだから、未来を夢見てなんていられない」と思っていました。

起業をした後は、**関心の矢印が未来に向いている人**の中にいることができるようになりました。今の私の周りにいる人たちは、未来のことを夢見て、それを実現するためにはどうしたらいいかを考え、行動する人たちばかりです。

私も、その人たちから良い刺激を受けています。周りの人たちのおかげで「頑張ろう」と思えるし、日々一緒に成長しています。

はじめから頑張り屋である必要はありません。自分が付き合う人を変えれば、自然と自分も変わっていくのです。

006

子どもが突然風邪をひいても家で面倒をみられるようになった

起業で大きく変わったこととして、**子どもたちが体調不良になっても、心置きなく家で一緒にいられるようになった**ことがあげられます。

パート主婦時代は、子どもが体調を崩すたびに休まなくてはならず、いつも肩身が狭い思いをしていました。3カ月ずつ契約が更新される形で働いていたので、クビにならないよう、休みすぎないようビクビクしていたのです。

当時は子どもが3人いたので、気をつけていても上の子から風邪がうつって、連続で仕事を休むこともありました。そうなると、体調不良は子どものせいではないのに、「勘弁して……」と思ってしまいます。心に余裕がないため、ついイライラしてしまっていたのです。

起業をしてからは、一切そのようなストレスがなくなりました。

自宅で仕事をしているので、子どもが風邪をひいているときにも、まず病院に連れて行った後、子どもが寝ている間に打ち合わせや作業ができます。このスタイルなら、**仕事を休んだり、大きくスケジュールを変更したりしなくても、仕事を終えることができます**。

起業といっても、外で働くスタイルの場合は、子どもが体調不良になるとお仕事を休まないといけなくなります。子どもが体調不良になったときにそばにいてあげたいという方は、外で働くスタイルより、自宅やオンラインでの起業をおすすめします。

子どもが体調を崩して不安がっているときに、近くにいてあげられるこのライフスタイルが、私はとても気に入っています。

007

子どもをインターナショナルスクールに通わせてあげられた

起業をして大きく変わったのは、子どもたちの教育環境です。**家族でマレーシアに移住し、子どもたち4人全員を、インターナショナルスクールに通わせてあげることができました。**

昔から、子どもたちの将来の選択肢が広がるように、子どものうちから英語を身につけさせてあげたいと考えていました。しかし、子どもたち全員をインターナショナルスクールに通わせるとなると、かなり高額の学費がかかります。起業をする前は、遠い世界の話でした。

起業をしたことで収入が変わり、これならと家族全員でマレーシアに移住して、子どもたちは現地のインターナショナルスクールに通うことになったのです。

私のほかにも、子どもに留学をさせてあげたいと考えていた人が、起業に成功して、留学を実現できたと聞きました。

自分が良いと思った教育環境を子どもにも与えてあげられないのは、苦しいものです。自分が頑張ったことで、**理想の教育環境がそろい、選択肢を広げてあげることができた**のは、本当に良かったと思っています。

また、もう1つ、子どもたちと一緒に移住をして良かったと感じることは、**世界のどこにいても生きていけるということを、行動で示せたこと**です。

子どもたちには、日本だけではなく世界を視野に入れて活躍してもらいたいと思っています。それでも、いくら言葉で「世界のどこにでも行けるんだよ」と子どもたちに伝えても、親である私が日本にずっといたのでは説得力がありません。

起業を機に海外で生活することで、子どもたちの視野を広げてあげることができたと思っています。

008

子どもがやりたいことを全力で応援できるようになった

起業をしてから、**子どもがやりたいと思ったことを全力で応援できるようになりました**。起業前も、もちろん応援したい気持ちはあったのですが、どうしても金額次第になってしまうところがあったのです。

私の周りでも、子どもが中学校に入ったら、どんな部活に入りたいと言われるかドキドキしてしまう……なんて人もいらっしゃいます。せっかく子どもが「何かをやりたい！」と主体的な気持ちになったのに、経済的にストップをかけてしまうのは、かなりもったいないことですよね。

起業をして良かったと思うことの1つは、**子どもがやる気になっているときに、最善の選択肢を提示してあげられる**ことです。

インターナショナルスクールに通うようになって、はじめは子どもたちも、英語力に不安があるようでした。英語が話せないと友達とコミュニケーションが取りづらいですし、中学校に上がって勉強が難しくなったら、授業についていけなくなるかもしれないと心配していたようです。

以前の私なら、「インターナショナルスクールに来たんだから、その中で頑張ってよ。余分なお金はないんだから」と言っていたと思います。しかし今は、**せっかく子どもが前向きに取り組みたいと言っているのだから、応援してあげたい**と思ったのです。この期間にしっかり英語を身につけるために、「英語の塾にも通ってみる？」と子どもたちに提案しました。今では、子どもたちはすっかり英語がペラペラになりました。

起業をしてから、お金の条件つきではなく、いつでも子どもたちを応援できるようになりました。そうすると、子どもたちは「**やりたいことがあるから、やってみよう**」と前向きに考え、行動するように変わりました。子どもたちの変化は、起業によって変わったことの中でも、特にうれしかったことです。

009

将来子どもが困らない教育資金を貯められた

私には子どもが4人いるので、必要な教育資金も「×4」。起業前は、将来子どもたちが大きくなったとき、どのように学費を工面するのか、いつも頭を悩ませていました。

パートで働いていたときは、時給900円で、月給は8万円くらい。いつも「貯金をしなきゃ」とか「1円でも節約をしなきゃ」と考えていたものの、8万円あっても、それを全部貯金に回せたわけではありませんでした。貯金額は、月に1万円か2万円くらい。さらに、働いているがゆえに、「今日は仕事で疲れたから、お惣菜を買って帰ろう」なんてこともよくあり、専業主婦時代より使うお金が増えていました。

月々2万円貯金できたとしても、1年間で24万円。子どもたち4人分の教育資金を考えると、ほど遠い額です。「大学は奨学金かな……」と考えた時期もありました。

今では、お金が入ってくる量が各段に増えたので、特に「貯金しなくちゃ」と考えなくても**勝手にお金が貯まっていきます**。

将来、子どもがやりたいことを見つけたら、どんなにお金がかかることでも叶えてあげられます。それが、大きな心の余裕になっています。

お金の使い方に関する価値観も大きく変わりました。

起業前は、「お金を使わなければ、貯まっていく」と思っていました。しかし今は、自己投資の考え方をするようになっています。**お金を使って自分を成長させるほうが、結果的にお金に困らなくなる**のです。

「お母さんに任せてよ!」と胸を張って言える生き方をして、経済力を身につけたい。

そのためにも、口座にお金を置いて眠らせておくより、自分に投資していくほうが、長い目で見るとプラスになると考えるようになりました。

010

子どもが自分の意見を持てるようになった

私が起業したことをきっかけに、**子どもたちが自分の意見を持って、それを話してくれるようになりました**。

その理由の1つは、教育環境の変化です。日本の学校では、先生が解説し、それを生徒は聞くという講義形式で授業を進めていきます。一方、インターナショナルスクールでは、自分の意見を発表する機会が多くあるので、子どもたちはのびのびと自分の意見を話すことができるようになったのだと思います。

また、もう1つの理由として、**子どもたちが欲しいと言った物、やりたいといったことを、私が叶えてあげられるようになった**からというのもあると思います。

起業前は、子どもたちが主体的に何かをやりたいと言うことはほとんどありませんでした。いつも、「何でもいい」とか「お母さんが決めて」という態度でした。

それは、決して子どもたちが悪いわけではありません。何かしたいという希望を言っても叶わないことばかりだったので、求めることもやめてしまったのです。

今では、子どもたちが話す前から諦めてしまう、ということがなくなりました。


さらに、**私自身の変化を間近で見ていた**影響もあるのではないかと考えています。

私はこれまで、「人生を変えるには、自分が行動するしかない」ということを、口で言うだけなく、行動と結果で示してきました。それが、子どもたちには生きた教訓として伝わったようです。

起業前は、私に余裕がなく、イライラしてガミガミ言うこともありましたが、今ではそれもなくなりました。かつては「放っておいたらこの子たちは何もやらないのでは？」と思ったものですが、実際には、親から口うるさく言わなくなったほうが、子どもたちが自主的に計画を立てて、主体的に動けるようになったのです。

子どもたちは、さまざまなことに意欲的に取り組むようになりました。自分で何でも実現できるという自信につながり、**自己肯定感が上がった**ように思います。

011

仕事にやりがいが出て、毎日ワクワクしてきた

起業をして、**仕事観も大きく変わりました**。

パート時代は、仕事にまったくやりがいを見出せず、「仕事＝嫌なこと」でした。

朝が来ると、「ああ、今日も一日が始まっちゃった……」と絶望的な気持ちになり、夜は夜で「明日もまた仕事か……」と暗い気持ちになったものです。

それが今では、朝起きたときは「今日はどんなことが起きるかな」とワクワクして目覚めますし、夜も明日が来るのを楽しみにしながら眠りにつく毎日になりました。

なぜそんなに毎日ワクワクしているかというと、自分の人生がどんどん良い方向に向かっていくことがわかるからです。**自分が仕事に全力投球すると、結果がちゃんとついてきて、ステージが上がっていく**のが、楽しくて仕方ないのです。

また、私の仕事の内容が、**お客さまの人生を大きく変える**ことであるのも、やりがいを感じられる理由です。

出会った頃は、昔の私と同じように、不安や不満ばかりで後ろ向きだった方が、どんどんと前向きになり、人生を切り開いていく。まったく別人のように輝き、毎日を楽しんでいる姿を見ると、私もとてもうれしい気持ちになります。そして、その方が「美由紀さんに会えて良かったです」と言ってくれるのです。こんな幸せな仕事はほかにありません。

仕事が楽しくなったので、仕事の気分転換としての趣味を持つ必要がなくなりました。これは、**お金さえ稼げればどんな仕事でもいいと考えず、自分がやりがいを感じられる仕事を模索してきた結果**だと思っています。

自分の世界が変わっていくだけでなく、自分が提供した商品で、お客さまの世界も変わっていって、感謝してもらえる。どんな娯楽よりも楽しく、やりがいのある仕事ができて、趣味いらずの人生を送っています。

012

人と比べることがなくなって、自分に自信が持てるようになった

実は起業をしてから、大げさではなく、悩みがなくなりました。

なぜなら、何かトラブルが起きても**「どうしよう?」ではなく、「どう解決したらいいかな」と考えるように、気持ちが変化した**からです。自分がそれをどうにかしたいのであれば、解決方法を考えて実行するだけです。悩んでも何も変わらないことなら、そもそも悩まないようになりました。

日々、ワクワクすることや楽しいことがたくさんあるので、わざわざ悩みに思いをめぐらせることもなくなりました。

さらに、起業してから**羨ましいという感情がわかなくなりました**。起業前は、人と比べて羨んで、落ち込むことも多かったのですが、それが一切なくなりました。

自分が努力をして人生に変化を起こしてきたからこそ、ほかの成功している人たちも、きっと同じように努力してきた結果、今があるのだろうと気づいたのです。それまでは、表面だけを見て、「才能がある人はいいよね」などと思っていましたが、見えていないところで努力をしているのだろうと考えられるようになりました。

今は、**羨ましいくらい成功している人を見たら、今の自分にできることならやってみます**。今はできないことなら、「そういうものがあるんだ。いつか手に入れられるように頑張ろう！」と努力するだけ。自分のためになる良い情報、新しい情報として、自分にインプットしています。

起業をしてから、ほかの人から「憧れています」とか「私もそういうふうになりたいです」と言われることも増えて、自分の自信になりました。人と比べなくても、自分は自分。人をねたむ気持ちがなくなり、起業をしているほかの人を心から応援できたり、成功をしたら「良かったね！」と声をかけたりできるようになりました。

起業によって、性格まで変わったようです。**自分の心に正直に、真っすぐに生きられるようになりました**。

013

自分が経済的に自立したおかげで、家族一緒に海外移住できた

起業によって、いつも自分の心の中にあった、**海外での暮らし、海外での子育てを叶えることができました**。起業前から海外に住んでみたいという思いはありましたが、英語もできないし、お金もないし、無理だよな……と諦めモード。心の中では「来世では海外で暮らそう」といつも思っていました。

起業が軌道に乗って、海外移住が現実味を帯びてきたとき、夫はまだ会社員でした。それでも、「会社を辞めて一緒にマレーシアに行こう」と言えたのは、**夫の収入を自分がカバーできる自信があったから**。思えば、ここがターニングポイントでした。

それまでの私は、起業して自分の仕事をしながらも、もし失敗しても夫の会社員としての給料があるから大丈夫だと、心のどこかで思っていたのです。しかし、マレー

シアト行きを決意したときは、経営も軌道に乗って、私が家族を支えていこうと思えるようになっていました。夫が会社を辞めれば、収入はなくなってしまいます。それでも、**家族が一緒に過ごせる時間が何より貴重だと思った**のです。

今振り返っても、あのときの私の選択は正しいものでした、家族全員で海外移住ができて、本当に良かったと思っています。

海外移住のハードルとして、言葉の問題があります。移住を決意したとき、私は英語をほとんど話せませんでした。そのため、不安はもちろんありましたが、それでも海外に行きたいという気持ちが勝ち、移住を決意。起業によって、場所を問わずに海外で仕事ができますし、経済的にも準備が整っているのに、英語が話せないというだけで移住を諦めるのは、すごくもったいないと思ったのです。

今も英語を流暢に話せるわけではありません。それでも、問題なく暮らせています。

準備が100%整うことを待っていても、そのときは永遠に来ないということは、起業から学びました。どんなことでも、すぐに決断して、行動するだけなのです。

014

未来の計画を考えられるようになった

起業をする前は、未来のことを想像するのは恐怖でしかありませんでした。

たとえば、「今月の給料はどうしよう」「○○の費用はどうやって捻出しよう」「子どもたちが進学をしたらいくらぐらい必要になるんだろう」「老後私たちが暮らすだけのお金はあるかな、子どもたちに絶対頼りたくないな」など……。目の前のことしか考えることができず、常に頭の中はお金の悩みばかりでした。

今は、「未来はどんなふうになっているだろう」と、希望を持って考えられます。

「仕事に行きたくない」「やりたくない」といつも思っていた過去とは違い、今は仕事をするのがとても楽しいのです。**1年後には、仕事がどんなふうに発展しているか、生徒さんやクライアントさんにどのような変化があるか、楽しみで仕方ありません。**

たとえるなら、毎日種まきと収穫を繰り返しているような感じ。いつも、その日にまいた種がどんなふうに実を結ぶか楽しみで、同時に、以前にまいた種が大きく実をつけたことを実感できるのです。

楽しみなのは、仕事だけではありません。家族と過ごす未来の計画を考えることも、とても楽しくなりました。

あと4年ほど経てば長女が大学に進学する歳になります。今は家族全員でマレーシアに住んでいますが、4年後はどの国に行こうか、ワクワクしながら考えています。みんなで行こうか、それとも進学先の国でひとり暮らしさせてあげようか。

不安しかなかった老後も、ワクワクする未来になりました。夫と「老後は3カ月ごとにいろいろな国に移住して回るのもいいかもね」と話しています。

自分や家族がさらに幸せになる未来のために、これからも行動を続けていきたいと思っています。

おわりに

ここまで読んでくださり、ありがとうございました。

本書を読んで、あなたは今、起業の入り口に立っています。この後、実際にあなたの人生が変わるかどうかは、**一歩踏み出すか、踏み出さないか。やってみるか、やらないか。**これだけにかかっています。

新しいことを始めるのは、とても怖く、不安なことです。

私も起業を始めるときは、不安でガクガクブルブル震えながらも、後悔したくないという一心で、最初の一歩を踏み出したのです。

だからこそ、その一歩を絶対に無駄にしたくなくて、しっかり学んで本気で頑張ってきました。おかげで今、かつては想像もつかなかった景色を見ています。

「**人生は本当に変えることができる。**」

これは一歩踏み出したからこそ、実感できることなのだと思います。昔の私のような人にもこれを知ってほしくて、コンサルタントの仕事を続けています。

そして、私の背中を見せることで、子どもたちにも同じことを教えてあげたいと思っています。これから自分の人生を歩んでいく子どもたちに、「あなたは、なんだってできるんだよ！」と、私の生き方を通して伝えていきたいです。


数年前までは、私は時給９００円の普通のママ。しかし、起業したことで人生を１８０度変えることができました。**理想以上の、想像以上の人生**。

もしあなたも「変わりたい！」と思うなら、一歩を踏み出してください。「**生まれ変わっても、また自分になりたい！**」そう思える人生にしていきましょう。

人生は、一度きりだから。

２０２１年５月

日本総合コンサルティング株式会社
代表取締役　小桧山美由紀

小桧山 美由紀（こひやま・みゆき）

日本総合コンサルティング株式会社代表取締役
起業・集客コンサルタント

1985年生まれ、千葉県市川市出身。

長女、次女、長男、三女を育てる4児の母。

短大卒業後すぐに20歳で長女を出産。24歳で次女を出産し、夫の転勤により愛媛へ。長男を出産後、京都、大阪、名古屋と転勤を繰り返し、孤独な専業主婦生活を送る。長男の保育園内定を機に、時給900円の事務のパートを始める。

友達から某有名起業家のブログURLが記載された一通のLINEが届き、はじめて起業の世界を知る。「あの時やっぱりやっておけばよかった」と不満や後悔ばかりの人生を変えたくて、パートを続けながら起業を決意。ビジネスを学び始めて3カ月で月商85万円、2カ月後に月商200万円、翌年には月商450万円を達成。

北海道から沖縄、さらにはドイツやアメリカ、シンガポール、タイ、アイルランドなど、国内外問わず3000名以上の起業家・サロン経営者・起業志望者へコンサルティングを行い、多くのママを月商100万円以上を稼ぐ経営者に育て上げる。

コンサルタントとして活動しながら三女を出産。現在は、生徒200名超えのオンライン起業塾を運営しながら、夫にサラリーマン卒業をプレゼントし、マレーシアに親子留学移住。

「子どもが風邪をひいたら家にいてあげたい」「学校からの帰宅を家で待ちたい」という想いから、仕事はZoom・LINE電話・動画を使った完全自宅style。

著書に、『年商5000万円起業家ママのハッピーリッチな思考法』（サンライズパブリッシング）がある。

本書を読んでくださった方に……

失敗しない起業の始め方５ステップ 無料動画プレゼント

ステップ1　時給900円→年商5000万になった理由

パート主婦だった私がママ起業家になれた秘訣をお教えします

ステップ2　ママにおすすめの起業の種類

起業の形はさまざま。どんな種類があるか知りましょう

ステップ3　スキルがなくてもできる起業のやり方

特別な経歴やスキルがなくても起業できる方法があります

ステップ4　今すぐ始める起業の手順

実際に起業するとき、何をどんな順番でやるべきかわかります

ステップ5　起業で成功するために知っておくこと

失敗したくないなら絶対に押えておくべき考え方

プレゼントの入手方法

①左のQRコードから著者公式LINEに登録
②「普通の主婦が起業する本、読みました！」と
　メッセージを送ってください♪

コードが読み込めない場合は、「@lhm0638r」でID検索してください。

仕方なくパートで働く
普通の主婦が起業する本

2021年6月22日　初版発行
2023年1月19日　5刷発行

著　者　小桧山美由紀
発行者　野村直克
発行所　総合法令出版株式会社
〒103-0001 東京都中央区日本橋小伝馬町15-18
EDGE小伝馬町ビル9階
電話　03-5623-5121
印刷・製本　中央精版印刷株式会社

落丁・乱丁本はお取替えいたします。

ISBN 978-4-86280-801-1
総合法令出版ホームページ　http://www.horei.com/